イラン VS トランプ

高橋和夫

ワニブックス
|PLUS|新書

まえがき

最新の中東情勢について出版するというのは難しい。出版の準備が整う頃には、すでに情勢が動いているからである。本書が、まさにそうである。イランを中心に中東情勢が激動している。

原稿の揃った5月頃から情勢が急転回を見せ始めた。イランによる脅威があるとして、アメリカが航空母艦そして戦略爆撃機をペルシア湾岸地域へ派遣した。同じ5月にサウジアラビアのタンカーがペルシア湾の外で襲撃される事件があった。

そして、ドナルド・トランプ大統領が日本を訪問した。その後に日本の安倍晋三首相がイランを訪問してアメリカとイランの仲介を試みた。両者の対話のチャンネルを開こうとした。

トランプ大統領と安倍首相の特別に密接な関係が、そしてイランと日本との伝統的な友好関係という組み合わせが突破口を開くのではないかとの期待が集まった。この時点で安倍首相とトランプ大統領は11回も会談していた。それに加えて30回の電話会談を行っていた。大統領就任後、3週間に1度のペースで二人は言葉を交わしてきた計算になる。

日本とイランは、外交関係を開始して2019年で90年になる。両国は、ほぼ1世紀にわたり友好関係を維持した。もちろん第二次世界大戦中にイランは日本に宣戦を布告している。法的には両国は戦争状態にあった。しかし、当時イランは連合国のソ連に北部を占領されていた。そして南はイギリス軍が支配していた。占領下でのやむない宣戦布告であった。

国連の原加盟国になるためには、その創設時に枢軸国と戦争状態にある必要があった。日本人は忘れてしまいがちだが、国連とはドイツや日本などの枢軸国側と戦うための国家の連合という形式で生まれた。つまり連合国という意味である。いずれにしろ、イランの日本に対する宣戦布告は紙の上の行為に過ぎなかった。日本人とイラン人が戦火を交えた経験はない。

日本とイランの関係で特筆すべきは、１９７９年のイラン革命後であろう。アメリカ・イラン関係が険悪化した以降も、日本は密接な外交・通商関係をイランと維持してきた。日本はイランの石油を必要としており、革命政権も石油の輸出を必要としていたからである。１９８０年から１９８８年にかけてのイラン・イラク戦争の間にも両国間の石油貿易は続いた。

さて、日本の対イラン外交である。安倍首相の訪問とタイミングを合わせるかのようにアメリカがイランに対する追加制裁を発表した。内容は象徴的であり、実質的なものではなかった。しかし日本外交の助けにはならなかった。事実、安倍首相と会談したイランの最高指導者のアリー・ハメネイ師は、これが対話を求める国のやることかとの旨を発言してアメリカを批判した。

日本の努力は、こうしたアメリカの政策によって梯子を外され足を引っ張られた。そもそも高かったハードルが、ますます高くなった。
さらに深刻だったのは、タンカーへの攻撃であった。安倍首相のイラン訪問と時を同じくしてペルシア湾の出入り口のホルムズ海峡付近で日本とノルウェーの所有するタンカーが攻撃を受けた。誰が攻撃したのかを巡り情報が錯綜している。しかし、日本の外交努力にはプラスではなかった。

イランとアメリカの対立が実際の軍事的な衝突にまで発展しかねない状況である。救いは、イランとアメリカの双方が、戦争は望んでいないと発言している点である。しかしながら、歴史は双方が必ずしも望まないにもかかわらず始まった戦争を数多く記録している。この危機を乗り切るための関係諸国の自制と国際社会の叡智が望まれる。
出版準備に並行するかのような情勢の展開は、この出版企画の必要性を証明している。本書が、この緊張した情勢の理解への一助となれば幸いである。

本書の構成、編集、校正の全般にわたってノンフィクションライターの高橋真樹さんの惜しみない力添えを得た。記して謝意を表したい。また、本企画を構想され本の形にしてくださったワニブックス新書編集部の大井隆義さんの限りない包容力にも御礼を申し上げる。

2019年6月

トランプ大統領の住むホワイトハウスからほど遠くないホテルにて　高橋和夫

目次

第2章　福音派とイスラエルの「記録男」

第4章　蜃気楼上の王国——サウジアラビア……123

第5章 アメリカ政治の新しい潮流……165

第1章　トランプの中東政策の合理性

3つの中東政策

トランプ政権の中東外交に外交的な合理性を見つけるのは難しい。しかし、アメリカの国内政治という視点から見ると、トランプの中東外交は極めて合理的である。その視点から、トランプの三つの政策を取り上げたい。

第一にそのエネルギー政策を論じたい。エネルギー政策自体はアメリカの国内政策であるが、それが中東政策に大きな影響を与えている。それゆえ、あえて「中東」政策として論じたい。

第二にイスラム諸国7カ国からの入国を禁止した大統領令である。そして第三に、エルサレムをイスラエルの首都と認定するという決断に焦点を当てたい。この三つの政策のいずれもがトランプの国内支持基盤に対する強いアッピールである。

イランやイラクなどの7つのイスラム諸国からの入国禁止やエルサレムの首都認定は、安全保障の確保の面から、また外交的な面から、もちろん合理的とは言えない。だが国内政策的には、これほど支持基盤に訴える合理的な政策はない。トランプにとっては、外交は内政の延長であり、内政的に合理的な政策は外交的にも「合理的」である。

「サウジアメリカ」の誕生

トランプのエネルギー政策が、ロシア、ベネズエラ、そして中東の産油国に大きな打撃を与えている。そのエネルギー政策とは何か。基本的には、エネルギー産業に課せられていた様々な規制の撤廃である。地球温暖化を「フェイク・サイエンス（偽科学）」として一蹴するトランプ政権は、環境面からの規制、石油の輸出規制、パイプライン敷設への規制、沖合油田開発への規制、こうした一連の規制の撤廃と緩和に動いている。

これによってアメリカのエネルギー産業に強い追い風が吹き始めた。オバマ大統領の時期から始まっていた「シェール革命」が勢いを強めた。シェール革命とは何か。シェールとは日本語では頁岩《けつがん》と訳される。お皿を重ねたような、紙を積み重ねたような岩の層である。それでページを意味する「頁」が訳語に使われている。その層に石油とガスが存在している。

その事実は古くから知られていたが、経済的に開発が困難であった。しかし今世紀に入って二つの技術革新があった。この新しい技術によって経済的に石油や天然ガスをシェール層から取り出せるようになった。二つとは、水圧破砕と水平掘りである。

水圧破砕というのは石油やガスの層に強い圧力で薬品と水と砂の混合物をぶつける技術である。そうすると石油やガスが層から分離して採取できる。何を、どのくらいの割合で混ぜるのかは、各社の企業秘密である。しかし、この技術によってシェール層からのエネルギー開発が可能になった。

そして、さらにエネルギー開発の費用を低下させたのが水平掘りの技術である。この技術以前は、石油やガスの井戸は垂直に地下に向かって掘られていた。そして、目標の層に到達すると、その周辺の石油やガスを採掘していた。そしてそれが終わると、近くに新たな垂直な井戸を掘っていた。ところが水平掘りの技術では、地下の層に到達するとドリルが水平方向へと向きを変え、層に沿って採掘を続けられるのである。ちょうどストローが曲がるようにである。これで一本の井戸で回収できる資源量が飛躍的に増大した。水圧破砕と相まって、エネルギー生産コストを劇的に低下させた。

まさにオバマが大統領になった２００９年を境に、アメリカのエネルギー生産量が上昇し始めた。そしてアメリカは、サウジアラビアやロシアと肩を並べるほどのエネルギー大国となった。アメリカは国内消費量が多いので両国のような輸出大国ではない。しかし、輸出の増大も視野に入ってきている。しかも北アメリカの地質構造を見れば、広範囲でシェール層が広がっている。地質図は、この国が長期にわたってエネルギー大国として君臨するだろうと予測させる。

つまり21世紀のエネルギー情勢の最大の事件は、アメリカのエネルギー大国としての登場である。あたかも北アメリカに新たな石油大国が誕生したかのようである。これを、エネルギー業界の一部では、冗談を込めて「サウジアメリカ」と呼ぶ。

中東諸国への打撃

サウジ「アメリカ」誕生の意味は二つである。一つは、石油価格の大幅な上昇が構造的に起こりにくくなった。シェール層の開発を可能にしたのは、一時期の１バレル１０

0ドルを超える石油価格であった。高価格こそが、アメリカのエネルギー工学の進歩に拍車を掛け「シェール革命」を引き起こした。70ドルから80ドルであれば採算の取れる状況が出現した。その後、さらに技術は進化し、現在では、1バレル60ドル程度でも十分に利益が上がるようになってきた。恐らく、シェール・エネルギーの生産費は下がり続けるだろう。これがエネルギー輸出に依存するロシアや中東諸国の経済力に、ある意味で制限を掛けた。

第二に、新たなサウジ「アメリカ」ができたのであるから、エネルギーという理由からの中東への介入の必要性は、ワシントンにとっては大幅に低下した。

これがオバマ期に起こったシェール革命の外交的な意味である。トランプ大統領の下でもシェール革命は進行している。実はトランプの中東政策で最も注目すべきは、中東ではなくアメリカ本国での政策である。それが、このエネルギー産業への規制の撤廃である。

また石炭産業への様々な規制も緩和されつつある。これによってアメリカはエネルギー大国としての地位を確固たるものとするだろう。アメリカのエネルギー生産が上昇するということは、エネルギー価格を引き下げるということになる。これがエネルギー輸出に依存する中東諸国に大きな打撃を与える。また中東で大きな役割を果たしているロシアの経済を直撃している。そしてイランの石油のボイコットを可能にした。

このエネルギー政策に関して付言すると、トランプの最大の動機は、雇用である。エネルギー生産は比較的に技術集約的で、多数の雇用の創出につながらないとされる。たしかに石油やガス生産そのものにおいてはそうである。しかし、シェール・ブームに付随する建設工事が雇用を生み出している。道路建設、パイプライン敷設、労働者の住宅建設、学校建設など、シェール地帯では大変なブームである。そしてこれらの地帯ではトランプ人気が盛り上がっている。

とはいえ、アメリカで化石燃料の生産や開発が進展し、石炭産業への規制が撤廃されることは、世界全体にとっては合理的とは言えない。欧州をはじめ国際社会では、気候変動対策のために脱炭素社会をめざす方向に動いている。特に、二酸化炭素を大量に排出する石炭産業については、厳しく規制されるようになってきた。トランプ政権のエネルギー政策が、これに逆行していることは間違いない。

またシェールガスやシェールオイルについても、その開発には環境を汚染する懸念があがっている。例えば、岩を破砕するための水には化学物質が含まれるので、地下水を汚染するリスクがあるとされている。こうしたことから、欧州の一部の国では開発に慎重になっている国も出てきている。こうした政策は、環境問題や温暖化の問題を重視しないトランプ政権だからこそ実現できたとも言える。

イスラム諸国からの入国禁止

2番目は、イスラム諸国7カ国からの入国の禁止である。トランプは、2017年1月に大統領に就任すると、その直後にイスラム教徒が多数派の諸国の中から7つを選び、その国民のアメリカへの入国を禁止した。具体的にはイラン、イラク、イエメン、ソマリア、リビア、シリア、スーダンである。テロリストの侵入を防ぐというのが大義名分である。

だが、これはテロ対策としては、意味がない。というのは、アメリカで発生したテロの大半はアメリカ市民、あるいはアメリカ在住の外国人によるもので、イスラム諸国からの訪問者によるものではないからである。したがってドアを閉めても意味はない。ドロボーはすでに家の中にいるのである。

また、その最大の例外であった2001年9月11日の同時多発テロの実行犯は、禁止リストに載っていない国からの「訪問者」であった。ハイジャックした民間航空機で自爆した実行犯の数は22名であった。その大半の19名はサウジアラビアの市民であった。そして残りの4名の内の2名は、アラブ首長国連邦の人間であった。さらにエジプト人とレバノン人が、各1名であった。

テロ対策ならば、こうした国々こそが入国禁止リストに載るべきだった。だが、そうではない。なぜ、そうではなかったのかは、推測するしかない。サウジアラビアやアラブ首長国連邦がリストから外れたのは、トランプの会社が投資していたからではないかとの批判があったことを追記しておこう。

テロ対策としての意味は薄い。それでも、この政策は選挙対策として有効だろう。トランプは、イスラムの脅威を煽る選挙運動を展開した。それに同調して投票してくれた人々にとっては、トランプが公約を実行してイスラムの脅威からアメリカを守ろうとしていると見えるだろう。それで良いのである。トランプ支持者の多くは詳細な事実にはこだわっていない。

エルサレムの首都認定

3番目は、エルサレムの首都認定である。2017年12月のトランプ政権によるエルサレムのイスラエルの首都としての認定は、国内外で大きな批判を浴びた。これによってアメリカは、中東和平の仲介者としての立場を失った。

なぜならば、中東和平の核心の一つはエルサレムの地位だからだ。それを交渉以前にアメリカがイスラエルの首都と認定してしまっては、交渉の意味が失われてしまう。パレスチナ自治政府を先頭に、アラブ・イスラム諸国が強く反発するはずである。外交的な暴挙と言える。なぜ、この暴挙を行ったのか。

その前に、そもそもエルサレムの問題とは何か。エルサレムは、第一次世界大戦中の

1917年にイギリスが占領した。2017年は、その百周年だった。さて、そのイギリスが1948年にパレスチナから撤退すると、イスラエルが成立を宣言した。これを認めない周辺のアラブ諸国と、イスラエルの戦争となった。イスラエルが勝利を収めて、ユダヤ人国家の生存を守った。これが第一次中東戦争である。

砲声が途絶えた時には、イスラエルがパレスチナ全域の約78％を支配していた。残りの22％の内のガザ地区をエジプトが、さらにヨルダン川西岸地区をヨルダンが押さえていた。エルサレムは西半分をイスラエルが、東半分をヨルダンが確保していた。

この東半分に歴史的な旧市街が残されており、そこにユダヤ教の聖地の嘆きの壁とキリスト教の聖地の聖墳墓教会、さらにはイスラム教の聖地の岩のドームなどが位置している。それぞれの聖地の存在ゆえに、三宗教の信徒にとっては、エルサレムは、心の故郷のような大きく重い位置を占めている。

さてイスラエルはエルサレムを首都と主張したが、国際社会はこの都市の国際法上の地位が未確定であるとして、それを認めなかった。各国は大使館をエルサレムではなく、つまり西エルサレムではなく、地中海岸の最大都市のテルアビブに置いた。

そして、1967年の第三次中東戦争があった。イスラエルがアラブ諸国を圧倒し東エルサレムを占領した。つまり、歴史的な地区である旧市街を支配下においた。その後、1980年にイスラエル議会が両エルサレムを合併して、統一エルサレムとする法案を可決した。もちろん国際社会は、それを認めていない。

さらに1995年にアメリカ議会が、イスラエルの首都としてエルサレムを承認し、同国の大使館をエルサレムに移転するよう求める法案を可決した。しかし、この法には「抜け穴」がつくられていた。大統領には安全保障上の必要があれば、法の実施を半年延期できる権限が付与されている。この権限によって、これまでその実施が先送りされてきた。

そしてトランプが2017年1月に大統領に就任した。その前月の2016年12月には、オバマがエルサレムをイスラエルの首都と認定する法の実施延期を決めていた。2017年6月には、トランプに最初の機会が訪れた。そのつもりであれば、この時にエルサレムをイスラエルの首都と認定することができた。もっと言えば、この法の実施とか実施の延期にこだわらずに、アメリカ大統領として、いつでもエルサレムをイスラエルの首都と認定する権限をトランプは握っていた。しかしトランプは動かなかった。2017年の12月までは。

アラバマからエルサレムへ

2017年12月に、エルサレムへの大使館移転法の延期の期限が切れた。トランプにとっては、大使館をエルサレムへ移転する二回目の機会であった。今度は、機会を見逃さなかった。なぜトランプは、このタイミングで大使館の移転を決断したのか。何が前回と変わったのか。

2017年6月と12月の違いは、アラバマ州の上院議員補欠選挙の情勢である。トランプ大統領は、アラバマ州選出の上院議員であるジェフ・セッションズを司法長官に任命した。セッションズが任期半ばで上院を辞したので、その後任を決める選挙が12月12日に行われた。共和党が地盤とする州だけに、この選挙でも共和党候補のロイ・ムーアの圧勝が予想されていた。ところが、このムーアが、かつて複数の十代前半の少女たちと不適切な関係をもっていたとの嫌疑が浮上した。宗教的に熱心な有権者の多いアラバマ州だけに、これで選挙の行方が見えなくなった。民主党のダグ・ジョーンズに勝算が出てきた。

共和党の一部が、ムーア候補から距離を置き始めた。しかし２０１６年の大統領選挙の早い時期からトランプ支持を打ち出したムーアを、トランプは見捨てなかった。まだトランプではなく「ジョーカー」だと思われていた当時の自分を支持したムーアを、トランプは助けようとした。アメリカを再び偉大にするために、ムーアは上院議員として必要だと、トランプは有権者に訴え始めた。そして、この時期にトランプがエルサレムをイスラエルの首都と認定した。

２０１７年12月に在イスラエルのアメリカ大使館の移転を発表し、２０１８年5月に大使館をテルアビブからエルサレムへ移転させた。もっとも実情は、テルアビブにあったアメリカ大使館の看板を領事館に替え、エルサレムにあったアメリカ領事館の看板を大使館に替えただけなのだが。この看板の掛け替えによって、アメリカはエルサレムがイスラエルの首都だと公式に承認した。

キリスト教福音派

エルサレムとアラバマに何の関係があるのだろうか。それはアラバマなどの南部を中心に、キリスト教福音派とか原理主義者と呼ばれる人々がいるからである。しかも、そうした人々が熱烈にイスラエルを支持しているからだ。そのキリスト教福音派の人々は、エルサレムをイスラエルの首都として承認することを求めてきた。この人々はまた、キリスト教右派とか宗教保守派とか、あるいはクリスチャン・シオニストとか、様々な名称で言及される。

福音派の大半は保守である。聖書をそのまま信じる人も多い。1948年のイスラエル建国について、聖書に記された古代王国が「神の御業」によって現代によみがえったと見なし、イスラエルを支持する。ある意味ではユダヤ人以上にイスラエルを支持している。それも占領地の入植までもである。なぜならば、占領地も含む全パレスチナのユダヤ化がイエスの再臨の準備になるという世界観を持っているからである。なお、福音派の世界観ではキリストが再臨したあとは、ユダヤ教徒はキリスト教に改宗するか、地獄に落ちることになっている。

その福音派は、神が御業を行う手段としてトランプを選んだとみなし始めているようだ。トランプ自身は2回の離婚と数知れぬ不倫経験の人物である。とてもキリスト教徒の鑑と呼べるような存在ではない。しかし神はすべてを許される。だから、あえて罪深いトランプを御業をなされる手段として選ばれたのではないかとの理解だ。

福音派がトランプを支持する内政的な理由も加えておきたい。福音派は、妊娠中絶や同性愛者の結婚などに強く反対している。前者は殺人であり、後者は神の意志に反しているとの見解である。こうした問題で最終的な法的判断を下すのは、連邦最高裁判所である。となると誰が最高裁判所の判事となるかが、重要になる。

判事の推薦権は大統領にある。トランプ大統領は、福音派の見解に近い考えの保守的な人物をすでに2名推薦した。そして、この2名がすでに議会の承認を得て就任した。最高裁の判事に任期はない。したがって、トランプの推薦した2名の判事は、長期にわたって最高裁で保守的な判断を支持し続けることになるだろう。福音派にとっては、この面でもトランプは公約通りの仕事を実行している大統領である。ちなみに最高裁判所の判事の数は9名である。

進化論を否定する人々

福音派は、原理主義者（Fundamentalist／ファンダメンタリスト）とも呼ばれる。原理主義者とは、聖書を文字通り真実として受け入れる人を指す。原理主義者は、進化論を否定する。

こうした勢力の強い地域では、進化論は仮説の一つとしてしか教えられていない。聖書によれば神が天地と万物を創造した、人間は神の姿に似せて創られたのであって、進化などというプロセスでできあがったのではない、人間と猿の祖先が共通であるなどの説は、受け入れられない、まだ犬になった猫はいないし、猫になった犬もいない、進化論が正しいのであれば、人間は歴史上で進化の過程を目撃しているはずである、と原理主義者は論ずる。化石をもって進化の証拠とする議論に対しても、懐疑的である。

世論調査などで定評のあるピュー研究所の調査によれば、アメリカ国民の四分の一が福音派に属している。アメリカの総人口が3億2000万人ほどなので、福音派の信徒は実数にすると8000万人である。アメリカのキリスト教の中では最大の流れになる。そして、その四分の三は白人である。ざっと計算すると白人の福音派は実数で6000万人となる。

学歴でみると、福音派の約20％が大卒以上である。これはアメリカの平均27％より、やや低い。高卒以下の学歴の者の割合は、43％である。これは、アメリカ全体の41％より、やや高い。したがって教育水準は、平均よりやや低いと判断してよいだろう。そして福音派の約半分は南部に生活している。

福音派が選んだ大統領

この福音派の人々は、1980年代からアメリカの中東政策の形成に影響を与え始めた。福音派は、共和党の支持基盤の中核をなしており、現在のアメリカの政治で大きな

2016年10月、支持者の歓声にうなずく大統領選中のトランプ氏(写真:朝日新聞社)

発言力を持っている。ブッシュ(息子)は、この勢力の支持を受けて2000年と2004年に当選した大統領である。また自身が39歳の時に、カリスマ的な大衆伝道師のビリー・グラハムの指導で、「ボーン・アゲイン」を経験したとされる。ボーン・アゲインとは「再度生まれる」という意だが、日本語の「生まれ変わる」に近いニュアンスだろうか。「霊的な再生」との訳語が、専門家によって充てられている。

この経験によってブッシュは享楽的な生活を終え、その後に政治の道に入ることになった。その周辺にも信仰心の深い人物が多かった。またホワイトハウスのスタッフには、朝の祈祷会への出席が期待されていたとの報道もあった。それほど福音派的な信仰心の強い人たちの政権であった。

そして2016年の大統領選挙では、白人の福音派の8割以上がトランプに投票した。この層の支持がなければ、トランプはホワイトハウスには入れなかっただろう。そしてトランプは、この層に見捨てられればアラバマのムーアの当選はおぼつかないだろうと考えた。福音派をムーアに引き留めるための切り札が、トランプの突然のエルサレムの首都認定だった。ちなみに選挙の結果は、この首都認定にもかかわらず、僅差で民主党の候補が当選を果たした。

いずれにしろ、この内政に軸足を置いた「政策」がアメリカの外交を狂わせている。これでトランプがその後に提案すると予想されていた中東和平構想は、スタート前につまずいた形である。なぜならば、すでに触れたように中東和平の核心のひとつがエルサレムの地位であるからだ。交渉の前にアメリカがイスラエルの首都と認定したのでは、アラブ側は和平の席には着けないだろう。

またトランプ政権との親密さを誇示してきたサウジアラビアは、「イスラムの守護者」

との看板を掲げているだけに、厳しい立場に追い込まれた。「イスラムの守護者」がエルサレムをユダヤ人国家の首都と認めるアメリカと近いのである。見栄えの良いものではない。サウジ王家のイスラム的な正統性にトランプは傷をつけた。

イランへの敵意

トランプの三つの中東政策を取り上げた。こうした内政的な合理性に基づく方針が、今後どのような政策を生み出すのだろうか。すでに明らかなのは、イランに対する敵対的な政策である。まずは、2015年にオバマ政権がイランと結んだ核合意が、その敵意の対象になった。

この合意こそが、オバマ大統領の2期8年の任期中の最大の外交的成果とされている。一方でアメリカなど6カ国がイランに対する経済制裁を解除し、他方でイランは核開発に関する大幅な制限を受け入れるというのが、合意の骨子である。2015年7月に成立している。

この合意を受けて、戦争が避けられたとの安堵の声が上がった。というのは、オバマ政権はイランの核兵器保有を阻止するために、軍事力の行使をも示唆していたからだ。この核合意については第3章で詳しく述べる。

この合意を、そして、この合意に象徴されるオバマ政権のイランとの対話路線を、トランプは引き継ぐ意志はなかった。トランプは大統領選挙において、この核合意を「史上最悪のディール（取り引き）」であると批判した。２０１７年5月にトランプは、大統領としての最初の外国訪問にサウジアラビアを選んだ。イランと敵対することの多い国である。そして、そこでイランを批判した。

２０１８年5月、ついにトランプ大統領はイランとの核合意から離脱した。核合意に対する姿勢は、アメリカの国内政治的には合理的である。というのはすでに見たように福音派キリスト教徒の多くが、イスラエルを熱烈に支持しているからだ。そして、そのイスラエルのネタニヤフ首相が、イランは脅威であるとの認識を持っているからだ。ネタニヤフ首相は、２０１５年の核合意に反対してきたし、現在もイランを厳しく批判している。

つまり、イランに強硬な姿勢を取れば、イスラエルの意向に沿う。そしてイスラエル支持者を喜ばせる。

31％の「合理性」

トランプの中東政策をアメリカの国内政治という視点から説明を試みた。エネルギー産業の規制撤廃、特定のイスラム諸国からの入国禁止、エルサレムの首都認定、そして対イラン政策である。いずれの政策も、外交的な合理性から採用されているわけではない。２０１６年の大統領選挙でトランプに投票し、２０２０年の選挙にも投票してくれそうな層の支持を固めるための政策である。

アメリカの大統領選挙での投票率は、およそ5割から6割の間である。投票率を高めに見積もっても、その半分以上の票を取れば当選できる。つまり31％の支持を固めれば良いのである。トランプは、その31％に照準を合わせて、政策を打ち出している。かつてビル・クリントンが１９９２年の大統領選挙の際に使った言葉を借りれば、「レーザー光線」のように、一直線に支持者の利益を代表しているわけだ。外交的には非合理的であろうとも、これほど合理的な国内政策はない。トランプの中東外交を「合理的」と呼ぶゆえんである。

突然のシリア撤退

トランプの中東外交の特異性について論じてきた。しかしトランプの政策には、これまでのアメリカ大統領の伝統的な立場と共通する部分もある。それを象徴していたのが、2018年12月の「突然の」シリアからのアメリカ軍の撤退の発表であった。これに驚いた人はトランプがわかっていなかった。なぜならば、多くの「突然の」決断と同様に、この決断にも兆候があったからだ。

たとえば2018年4月の記者会見で同大統領は、「もう、そろそろアメリカ兵をシリアから帰国させる頃だ」と発言している。そして、ドナルド・トランプという人物は、アメリカの海外での軍事的な関与に、そもそも懐疑的である。そのためこの決断は、決して突然でもなければ唐突でもない。その背景には孤立主義の脈々と流れる思潮がある。その根は思いの外に深い。

そのルーツをたどる前に、今回の決断を巡るアメリカ国内での議論を見ておこう。発表当時シリアに駐留するアメリカ将兵は、特殊部隊を中心に2200名であった。主としてクルド人の訓練や、クルド人部隊への空からの支援にあたっていた。

さてトランプの決断への反対は、幾つかのレベルで存在する。まずシリア現地でクルド人と一緒に戦ってきたアメリカ軍特殊部隊の間では、反感がある。IS(「イスラム国」)との戦いで6万人のクルド人部隊の善戦をまじかに見て来た人々にとっては、これはクルド人に対する裏切りであり、勇敢な同盟者の切り捨てである。またトランプ大統領周辺にも反対が強い。たとえばポンペイオ国務長官やボルトン国家安全保障問題補佐官である。その主張は、この撤退はシリアをロシアとイランに引き渡すことになるという議論である。

逆にトランプの決断を歓迎したのは、アメリカの伝統的な孤立主義の系譜につながる保守派の一部である。さらにリベラル派の中にも、トランプの発表を支持する声が上がった。2200名のアメリカ軍では、シリアの情勢に大きな影響力は行使できない。逆にアメリカをシリアの泥沼に引きずり込んでしまう、という議論であった。クルド人に対する裏切りという議論に関しても、これほど予想された「裏切り」はない。クルド人自身が、いつまでもアメリカ軍が駐留を続けるとは予想していなかったはずだと論じる。

終わりなき戦争

振り返って見ると、トランプは「アメリカ・ファースト」というスローガンを掲げて、2016年の大統領選挙での勝者となった。アメリカ・ファーストとは何か。それはアメリカが一番で中国が二番というような意味ではない。その意味は、アメリカの国益が最優先という意味である。その重要な部分は、アメリカ自身の防衛以外ではアメリカ人が死なないということである。アメリカの死活的な利害がかかわらない限り、自国民が血を流すことはないという意味である。

このスローガンを振りかざして、前回の大統領選挙では、トランプは海外へのアメリカの軍事的な関与を批判して支持を集めた。特に重要だったのはイラク戦争批判であった。この戦争を批判したトランプが、共和党の最有力候補と考えられていたジェブ・ブッシュを退けて、同党の指名を獲得した。フロリダ州の元知事のジェブ・ブッシュは、兄のジョージ・ブッシュ大統領が始めたイラク戦争を支持した。そして他の共和党の候補者も、イラク戦争を支持した。「イラク戦争は馬鹿な戦争だ」と批判したのは、共和党の有力候補ではトランプだけであった。

アメリカは2001年のアフガニスタンのターレバン政権を攻撃して以来、今日まで18年間も戦い続けている。銘記しなければならない点である。対テロ戦争はアメリカ史上最長の戦争である。この国は、アフガニスタンばかりでなく、イラクで、そしてシリアで戦ってきた。その総費用はすでに数兆ドルともいわれている。戦死者は7000名、負傷は数万人である。

想像して欲しい。7000名といえば、たとえば大相撲の名古屋場所の開催される愛知県体育館を、ほぼ満席にする数である。数万人といえば東京ドームが満席になる。それだけの血をアメリカという国は流し続けて来た。

しかも五体満足で帰還した兵士の多くも、精神的な後遺症を負っている。その数は30万人から50万人と推定されている。推定ではなく、数値として確認できるのが帰還兵の自殺者の数である。すでに５０００名に近づいており、２０１９年5月現在でのイラクでの戦死者数４５７１名を上回っている。帰還兵の自殺が続いている。

終わりなき戦争への疲労感を背景に、トランプがアメリカ・ファーストという言葉を使ってホワイトハウスの鍵を手にした。シリアからの撤退を決断して、何の不思議があるだろうか。シリアからの撤退の声明に続き、トランプはアフガニスタンからの撤退についてもタリバン側と交渉している。トランプはアメリカ・ファーストの公約を実行しているに過ぎない。

「アメリカ・ファースト」のルーツ

このスローガンに関して重要な点は、これを言うのはトランプがファースト、つまり初めてではないという事実である。筆者の知る限り、トランプは少なくとも三例目である。最初にアメリカ・ファーストという言葉を使ったのは、1940年から41年にかけて存在したアメリカ・ファースト委員会である。この委員会の目的は、第二次世界大戦へのアメリカの参戦の阻止であった。1939年9月のドイツのポーランド侵攻で第二次世界大戦が始まると、当時のアメリカのフランクリン・ルーズベルト政権は様々な形でイギリスを支援した。

同委員会は、それがアメリカを戦争に巻き込むとして反対した。その主要なメンバーであったのが、チャールズ・リンドバーグであった。リンドバーグは、1927年に初の大西洋単独無着陸横断飛行に成功し、国民的英雄となった。「翼よ、あれがパリの灯だ！」の名言で知られる人物だ。国内の反戦ムードにルーズベルト大統領は手こずった。1941年末の日本の真珠湾攻撃が、反戦運動を吹き飛ばすまでは。

二人目のアメリカ・ファーストを唱えた人物は、パット・ブキャナンである。保守派の論客で、レーガン大統領のスピーチ・ライターなどを務めた人物である。このブキャナンが、1992年の大統領選挙で共和党の指名を求めた。当時の共和党には現職のブッシュ大統領（父）がいた。湾岸戦争と冷戦の勝者であった。湾岸戦争の直後には支持率が90％に達していた。この人気の現職の大統領に、パット・ブキャナンは挑んだ。そのスローガンが「アメリカ・ファースト」であった。海外の戦争での勝利を大統領は誇っているが、一般のアメリカ人の生活は良くなっていない。政府は国力を国内に傾注すべきだと「外交の大統領」ブッシュを批判した。

経済が不況局面に入っていた時期だったので、ブキャナンは予備選の始まった段階ではニューハンプシャー州などで善戦した。結局はブッシュが現職の強みで指名を獲得したものの、経済を争点とする候補の共和党内での反乱は、本戦に向けての不吉な兆候であった。

そして本選挙では「問題は経済でしょう。お馬鹿さん！」のスローガンを掲げたビル・クリントンに敗れた。振り返って見るとブキャナンは、1992年のドナルド・トランプだった。ちなみにブキャナンも、移民の制限を訴えていた。

トランプのアメリカ・ファーストも、このリンドバーグやブキャナンの主張と同根である。スタイルこそ違えトランプは、オバマのシリアへの不介入政策を基本的には受け継いでいる。トランプはクリントンやオバマと同様に、ブッシュ親子の政策の否定形である。多量の出血を伴う介入には消極的である。

オバマとトランプの違い

思い出すのは、2017年と2018年のシリアに対するアメリカの攻撃である。これはシリアのアサド政権による化学兵器の使用に対応したものだった。トランプはオバマと違い、「赤い線」をアサド政権が越えたので軍事力を行使したと言われた。「赤い線」という議論の背景には、オバマによるシリアへの本格的な軍事介入の忌避があった。オバマ前大統領は、2012年にシリア政府による化学兵器の使用は「赤い線」であると述べた。

つまり、この線をシリアが越えればアメリカが対応すると言明した。にもかかわらず、2013年に実際に化学兵器が使用された際に軍事力を行使しなかった。アメリカへの信頼を揺るがしたと批判された決断だった。

それに比べるとトランプは、たとえば2017年4月の攻撃では、シリアに対して59

発のトマホーク・クルーズ（巡航）ミサイルを発射した。オバマとの鮮明な対比であるとの解説があった。

しかしである。トマホークの特徴は無人兵器である。つまり、まかり間違ってもアメリカ兵は死傷しない。トランプはアメリカ将兵の流血を避けるという一点においては、オバマとは何の変わりもない。オバマから一歩踏み出した振りをしただけで、実は半歩も前に出ていなかった。オバマでさえ、アフガニスタンやイラクでは無人殺人飛行機のドローンを多用している。両者に違いがあるだろうか。

トランプの本質は、たとえば北朝鮮への対応に出ている。激しいレトリックの後の金正恩委員長との会談に、アメリカ・ファーストの本質が出ていた。ドナルド・トランプという人物は、アメリカの歴史に脈々と流れる強い保護主義と孤立主義の底流の最新の表出である。そのスタイルに騙《だま》されてはならない。シリアからの撤退の決断にトランプという人物の個性以上のものがかかわっている。アメリカの本質が、かいま見えた瞬間だった。シリアからの撤兵の決断のルーツは思いのほか深い。

ホテル・カリフォルニア

なぜトランプがシリアから、アフガニスタンから、そして朝鮮半島からの撤兵を語るのか。それはアメリカ国民が戦争の連鎖に疲れているからである。アフガニスタンでの戦争というトンネルの向こうに見えたのは出口の光ではなく、イラクでの戦争という新たなトンネルであった。そして、その向こうにはシリアの戦争が見える。戦争というトンネルの中で20年近くもアメリカは、もがいている。

思い出すのは、1970年代にヒットしたイーグルスというバンドの「ホテル・カリフォルニア」という曲である。その歌詞は次のような不思議な内容である。疲れて、たどり着いた客が歓迎される。だが内部の異様さから客は去ろうとする。しかしチェックアウトはできるがホテルから決して離れることはできないと告げられる。

トランプのDNAは孤立主義的であり、対外軍事関与の縮小を指し示している。この「終わりなき戦争」というホテルを離れたいのである。ところが、その周囲には、この不思議なホテルの従業員のように、アメリカを戦争状態から逃さないようにしようとするグループがいる。「Bチーム」と呼ばれる、対イラン強硬派の4人の男たちである。なお、「Bチーム」と呼んだのは、敵対するイランのモハメッド・ザリーフ外相である。

「Bチーム」の4人の男たち

まず1人目として、対イラン超強硬派で知られる国家安全保障問題補佐官のジョン・ボルトンがいる。ボルトンのBである。2人目は、トランプと親しいイスラエルのネタニヤフ首相がいる。トランプを説得してイランとの核合意からの離脱を決断させた人物である。ネタニヤフ首相は、過去にイラン攻撃を主張したことが知られている。しかしイスラエルの国防・諜報関係者の反対で攻撃は回避されてきた。このネタニヤフのファースト・ネームがベンヤミンである。Bで始まる。

後2人のBは、サウジアラビア皇太子のムハンマド・ビン・サルマンと、アラブ首長国連邦アブダビのムハンマド・ビン・ザイード皇太子である。どちらもビンでBがつく。サウジアラビアとアラブ首長国連邦はイエメンに軍事介入し、イランの支援を受けるフ

ジョン・ボルトン国家安全保障問題補佐官（写真：朝日新聞社）

ーシー派と戦っている。ウィキリークスが暴露したアメリカ国務省の電報によれば、過去にサウジアラビアはアメリカ軍によるイラン爆撃を主張している。

このサウジアラビアが、イランの反体制派組織モジャヘディン・ハルク機構に資金援助を行ってきた。この組織は、イランの現体制の打倒を訴えてきた。多額の謝礼を受けてボルトンがこの組織のために演説をしたのが知られている。また、サウジアラビアは、その他にもワシントンで活発なロビー活動を行っている。その恩恵を受けているのは、ボルトンやモジャヘディン・ハルクばかりではない。

実は、ワシントンのシンクタンクの多くが、サウジアラビアの石油会社アラムコやアメリカの兵器メーカーからの多額の寄付を受けている。兵器メーカーは同国への輸出で莫大な利益を上げている。いずれにしろ、出所はサウジアラビアのオイル・マネーである。シンクタンクの巨大な建物の外観は、豪華という表現さえふさわしいほどの立派さで、寄付額の大きさが推測される。そうであれば、こうした研究所からは、サウジアラビアの政策に批判的な論調の報告書は出にくくなるだろう。モジャヘディン・ハルクやサウジアラビアの動きについては、第4章で詳しく述べる。

さて、このボルトン補佐官（アメリカ）、ネタニヤフ首相（イスラエル）、ビン・サルマン皇太子（サウジアラビア）とビン・ザイード皇太子（アラブ首長国連邦）の4人からなる「Bチーム」が、トランプ政権を対イラン強硬路線へと導いてきた。そして前述の核合意からの離脱、対イラン経済制裁の再開と強化、イランの革命防衛隊のテロ組織指定などの一連の政策が発動された。

トランプの本来もっている孤立主義への性向と、Bチームによる対イラン強硬路線が衝突している。

もしボルトンらBチームがトランプを対イラン軍事力の行使へと変心させるような事態になれば、カリフォルニアの不思議なホテルの客のように、ますますアメリカは戦争から抜け出せなくなる。

次章から、トランプの中東政策のカギを握るこれらイスラエル、イラン、サウジアラビアの動きと中東の政治について論じたい。

第2章　福音派とイスラエルの「記録男」

「占領地」ゴラン高原の主権「承認」

トランプ大統領は、2019年3月にイスラエルのゴラン高原に対する主権を承認した。まずゴラン高原がどういう土地なのかをみていこう。シリア領の高地でイスラエルと接している。面積は全体で1800平方キロメートルほどで、大阪府と同じくらいだ。イスラエル側に接しているのは、標高数百メートルくらいの高地で、日本の飛驒高山と同じ程度である。高地は、さらに標高を増し平均の高度は1000メートルほどになる。その最高峰のヘルモン山は2000メートルを超える。この高原は戦略上の要地である。また貴重な水源となっている。

イスラエルはこのゴラン高原を、1967年の第三次中東戦争でシリアから奪った。1973年の第四次中東戦争の緒戦ではシリア軍が一部を奪い返したが、反撃に出たイスラエル軍がシリア軍を撃退した。その後アメリカの仲介でイスラエル軍が部分的に撤退し、結果として現在でもイスラエルが1150平方キロメートルほどの占領を続けている。東京都のおよそ半分の広さである。両者間に中立地帯が設定されており、日本の陸上自衛隊が派遣されて活動していたのは、この地帯である。

イスラエルの占領後に、多くのシリア人がゴラン高原を離れた。しかし残留したシリア市民も2万人以上いる。多くがイスラム教の分派であるドルーズ派に属している。またイスラエル市民が入植者として移住しており、その数はやはり2万人強である。

イスラエル議会は、1981年に占領地であるゴラン高原のイスラエルへの併合を決議した。しかし国際法上は占領地を併合することは違法行為であり、これを承認した国はなかった。第1章で述べたエルサレムと同じ扱いである。

ところが上述のように、トランプ大統領が2019年3月末に突然にゴラン高原に対するイスラエルの主権を承認した。なぜ突然の決断なのだろうか。

ネタニヤフへの支援

これも選挙絡みであった。この翌月である4月9日の火曜日にイスラエルの総選挙の投票が予定されていたからだ。選挙の焦点は、現職のベンヤミン・ネタニヤフ首相であった。前章でも取り上げた、対イラン強行策を求める「Bチーム」の一人である。同首相は様々な汚職疑惑で苦しんでいる。ネタニヤフは選挙に勝って国民の支持の再確認という「みそぎ」を済ませ、この汚職疑惑を乗り切ろうとした。しかし、有力野党の間での選挙協力もあり、この選挙は苦戦であった。

この苦戦のネタニヤフ首相に対する強力な支援を打ち出したのが、アメリカのドナルド・トランプ大統領である。3月21日にツイートでトランプは、「ゴラン高原に対するイスラエルの主権を認める時期だ」と書いた。

ネタニヤフが訪米し、トランプと会談した3月25日に、トランプがゴラン高原へのイスラエルの主権を認める文書に署名した。超大国アメリカが、ゴラン高原のイスラエルへの主張に同意した。

しかしイスラエルが国内法で何と言おうが、占領地は占領地である。アメリカの承認によっても、ゴラン高原が占領地であるという国際法上の地位が変わるわけではない。だが、選挙直前の承認によって、トランプはネタニヤフに力強い援護射撃を行った。イスラエル国民にとって自国の安全を保障するものは、自国の軍事力とアメリカの支援の

イスラエルのネタニヤフ首相（左）とトランプ大統領（写真:朝日新聞社）

みである。そのアメリカがネタニヤフ首相への支持を強く打ち出したのである。これがネタニヤフの人気を押し上げないはずはなかった。

一方で、ゴラン高原の承認というトランプの政策が国際社会に残した禍根は大きい。国際社会は第二次世界大戦後、武力併合された土地の領有を認めてこなかった。ところが今回、トランプはこの原則を一方的にほごにした。その結果、アメリカはロシアのクリミア編入だけでなく、これから起こる武力併合に対しても物申す資格を失った。理念より内政事情を優先した外交の落とし穴である。

娘婿とカジノ王

なぜ、これほどまでにトランプ大統領はネタニヤフ首相に肩入れするのだろうか。ここでは二つの要因を指摘しておこう。一つは、この二人の指導者をつなぐ「人脈」である。トランプの娘婿のジャーレド・クシュナーは、同大統領の中東政策に大きな影響を与える人物として知られている。ユダヤ系のクシュナーの一族は、トランプと同じように不動産業で財を成した。そしてクシュナーの父親のチャールズは、長年にわたりネタニヤフを資金的に支援してきた。

政界に進出する前のネタニヤフは、1982年から1988年にかけて、ワシントンのイスラエル大使館とニューヨークのイスラエルの国連代表部で勤務した。この時期にネタニヤフは、アメリカでの自らへの資金提供者のネットワークを作った。選挙への出馬に備えてであった。

かつてネタニヤフが、クシュナー家に夕食に招かれた際のエピソードが報道されている。夕食の後、クシュナー家にネタニヤフが泊まることとなった。そのためにまだ子供

ジャーレド・クシュナー氏。トランプ大統領の娘婿で、米大統領上級顧問を務める（写真：朝日新聞社）

だったジャーレド・クシュナーがベッドルームを提供し、クシュナー本人は居間のソファだったかに寝たという。ということはクシュナーとネタニヤフは、同じベッドに寝た経験を共有しているわけである。それくらいに二人は昔から親しかったわけだ。同床異夢ならぬ、同床「同」夢の仲である。

トランプとネタニヤフをつなぐ人物を、もう一人紹介しよう。カジノ王のシェルドン・アデルソンである。カジノの経営者のアデルソンは、世界的な富豪として知られている。日本への進出が噂されているサンズというカジノ企業を率いている。この人物は、その富をアメリカではトランプを始めとする共和党のために使ってきた。そしてイスラエルではネタニヤフのために投じてきた。なお、アデルソンのミリアム夫人はイスラエル人である。

福音派とユダヤ人

トランプがネタニヤフに肩入れするもうひとつの要因は、第1章で触れたキリスト教福音派の存在である。福音派が、ネタニヤフ首相のイスラエルを熱く支持しているからである。それではキリスト教福音派は、なぜイスラエルを支持するのだろうか。それは次のような理由からだ。その世界観によれば、「イスラエルの再生は神による奇跡である。来るべき世の終わりが近づいている証である。したがってキリスト教徒の責務は明らかである。イスラエルを助け、その全パレスチナのユダヤ化を支援すべきである。そうすれば世の終わりが訪れ、ユダヤ教徒はイエスを救い主として受け入れる。つまりキリスト教に改宗する。そして、キリスト教に改宗しない者には永遠の滅びが待っている」という解釈である。

つまり、単にイスラエルを支持するばかりでなく、国際法上の違法行為である占領地へのユダヤ人の入植を支援しているのである。この解釈によれば、世の終わりまでは、ユダヤ教徒は存在を許されるわけだ。

その思想は、ネタニヤフの強硬な政策と一致する。そのため福音派は熱くネタニヤフのイスラエルを支持している。となれば、ネタニヤフへの支持はトランプ大統領にとっては福音派の票を固める行為である。トランプにとっては、イスラエル寄りの中東政策は2020年に迫った大統領選挙対策でもある。トランプ大統領がネタニヤフ首相を熱く支持する背景である。このタイミングでゴラン高原の主権を認めたゆえんである。

イスラエルの記録男

イスラエルのベンヤミン・ネタニヤフ首相は、2019年4月の総選挙で勝利を収めた。その結果、ネタニヤフが首相職の在任期間の長さで記録を作る可能性が高まった。2019年6月現在の記録保持者は、1948年の建国時の首相を務めたデービッド・

ベングリオンで、前後2回合わせて約14年の間、首相職にあった。ネタニヤフの方も1990年代に3年間、そして2009年から10年間と、前後2回にわたって合計13年間も首相職にある。そして今回の選挙での勝利で続投が決まったので、首相在職期間の記録更新の可能性が高まっている。たしかに、これで歴史に残る政治家となるだろう。

しかし歴史に残るのは、首相在任期間だけではないかもしれない。というのはイスラエルの検察当局が、汚職の疑惑で同首相を起訴する方針だからだ。権力の行使と乱用の間の差は紙一重である。

これまでも、他の国々と同様にイスラエルでも政治家が汚職や権力の乱用から無縁であったわけではない。ネタニヤフの前任者のエフード・オルメルトは、汚職で刑務所に入った。半ば名誉職の大統領でも、二代前のモシェ・カツァーブは秘書に対する性的な暴力で刑務所入りした。イスラエルでも、汚職にまみれた政治家の例には事欠かない。しかし、いずれも首相や大統領を辞してからの起訴と有罪判決、そして収監であった。

ところがネタニヤフが起訴されるとすると、これはイスラエルの歴史上では最初となる。この面でも「偉業」を達成してイスラエルの歴史に名前が、より深く刻まれるのだろうか。それでは、どのような容疑で起訴されそうなのだろうか。

第一は、葉巻やシャンパンなどの高額のプレゼントを、二人のビジネスマンから受け取ったとされる件である。検察当局によれば、その総額は日本の通貨にして実に３０００万円にも達する。

第二に、イスラエルの有力な新聞の所有者に、ネタニヤフに好意的な論調と引き換えに、便宜を約したとされる件である。第三にインターネット・メディアの企業の経営者に、同じように自分に有利な論調や記事と引き換えに便宜をはかったとされる。

さらに、イスラエル海軍のドイツからの潜水艦の輸入に関しても、潜水艦の取り引きらしく水面下で多額のお金が動いたとされる。汚職の嫌疑がネタニヤフの周辺に及んでおり、ネタニヤフ自身にも捜査が及びかねない状況である。

この潜水艦の件に関しては続編がある。エジプトが、やはりドイツから潜水艦の輸入を希望した。ドイツのメルケル政権は、イスラエルの意向を尋ねた。ドイツとユダヤ人の特別に微妙な関係からの、イスラエルへの配慮であった。ネタニヤフは国防相に相談することなく、これを承諾した。しかもネタニヤフのいとこがアメリカで経営していた企業と、ドイツの潜水艦の製造企業の関係が深かった。その上、ネタニヤフが同社の株を所有していたとされる。様々な疑惑が潜水艦のように、首相の周りに浮上してきている。

こうした疑惑への検察当局の追及を止める手段として、在職中の首相は訴追されないという法律の制定が、すでに選挙期間中から議論されている。となると連立政権に関する交渉で、この件を少数政党が、ネタニヤフの率いるリクード党を「強請《ゆす》る」新たなカードとするだろう。

連立内閣の合意は、通常以上に錯綜した交渉が必要となろう。在任期間ばかりでなく、連立交渉の長さでも、ネタニヤフは記録を作った。しかも結局は与えられた6週間の期限内に連立交渉を成立させられなかった。その結果、イスラエルは2019年9月に再選挙を行うこととなった。前代未聞の「記録」である。

ネタニヤフが支持される理由

ここで、ネタニヤフという人物についても述べておこう。ネタニヤフの父は研究者だが、イスラエルの大学では仕事がなく、アメリカへわたりフィラデルフィアの大学で教職に就いた。

ネタニヤフは名門で知られるマサチューセッツ工科大学を卒業後、国際的なコンサルティング企業のボストン・コンサルティング・グループで働いた。プライベートでは、3回結婚している。イスラエルでは、ネタニヤフのイメージは軽い。

ネタニヤフはスキャンダルには事欠かないのに、まったくめげることなく選挙には強い。ある意味でトランプ大統領とよく似ている。では、そのようなスキャンダルまみれのネタニヤフは、なぜ選挙で勝ち続けるのだろうか。ひとつはネタニヤフの在任中、イスラエル経済が年率3％から4％で成長し続けているからだ。それにより格差も広がっているが、富裕層も多く生まれている。

2点目は、先に述べたようにアメリカとの太いパイプだ。アメリカ英語を流暢に話し、トランプ政権との人脈も豊富だ。中東で孤立してきたイスラエルにとって、アメリカの支持は命綱だ。そのため、トランプ政権から圧倒的な支持を取り付けたネタニヤフを頼りにする人々が多い。

そして3点目は、元特殊部隊隊員で成果を挙げた武闘派であることだ。しかも本人だけではなく、家族そろって体を張ってイスラエルを守ってきた。

エンテベの救出劇

ネタニヤフは、1976年に起きたテロ事件を背景に政治家として世に出ている。その事件とは、エンテベの救出劇である。

1976年、エールフランスの旅客機がギリシアでハイジャックされた。ドイツ人やパレスチナ人などからなるハイジャック犯は、機をリビアに向かわせ、次にウガンダのエンテベ空港へと移動させた。そしてイスラエルはハイジャック犯と交渉する振りをしながら、自国から何千キロメートルも離れたウガンダのエンテベ空港まで救出部隊を派遣して、ハイジャック犯を殺害した。そして、人質を解放して無事に連れ帰った。だが、この作戦で部隊は一名の戦死者を出した。それが指揮官のヨナタン・ネタニヤフであった。イスラエルでヨナタンは悲劇の英雄となった。

ヨナタンの死が、弟で現在の首相のベンヤミン・ネタニヤフに政治への道を開いた。ネタニヤフは、イスラエルで徴兵期間を終えた後にアメリカで働いていた。徴兵期間中は、ネタニヤフも兄と同じように特殊部隊で危険な任務に就いていた。そして別の航空機がハイジャックされた事件では、ネタニヤフは突入部隊の一員となって負傷、その後にアメリカに渡っている。

兄ヨナタンの死に衝撃を受けたネタニヤフは、アメリカでの生活に区切りをつけて帰国した。テロに関する本を著すなどして、悲劇の英雄ヨナタンの弟としてばかりでなく、テロ対策の専門家として知られるようになる。

その後、ワシントンのイスラエル大使館とニューヨークのイスラエル国連代表部で勤務する。この時期に、アメリカの裕福なユダヤ人との間に支持者のネットワークを構築した。

ネタニヤフはこのネットワークに支えられ、１９８８年のイスラエルの国政選挙に当選する。さらにリクード党党首となり、１９９６年の選挙で首相となった。その後、下野を経験しながらもカムバックし、13年も首相の座にとどまっている。ネタニヤフの長い政治家生活の起点には、エンテベ空港での兄の悲劇の死があった。

イラン脅威論

ネタニヤフが、「最大の脅威」と煽るのがイランの存在である。実際ネタニヤフは、すでに触れたようにトランプ政権をイランとの核合意から離脱するように説得した。このようにネタニヤフは、イランを敵視している。逆にイランの首都テヘランに行くと「イスラエルを破滅させるべき」という看板を見ることがある。現在はシリアを巡ってイランとイスラエルの両国が厳しく対立している。

シリア内戦では、イランはシリアのアサド大統領の政府を様々な形で支援してきた。逆にイスラエルは、反政府側に肩入れをした。そしてその内戦が、２０１９年現在は、ほぼ終結に近づいている。イランが支援するアサド大統領の政権の勝利に終わりそうである。

イランはアサド政権支配下のシリアに、自国の影響力を残そうとしている。イスラエルは、これを懸念している。そして、シリアにおけるイラン関連の軍事施設などに、イスラエルは大規模な爆撃を行っている。イランとイスラエル両者の間での軍事衝突さえ懸念される状況である。

さてイスラエルは、イランの脅威を煽ることで、同国と対立するサウジアラビアや、アラブ首長国連邦などと外交的に接近した。現在イスラエルと正式な外交関係を維持しているアラブの国はエジプトとヨルダンのみなので、イスラエルにとっては外交上の成果と言えるだろうか。

またすでに説明してきたように、ボルトン国家安全保障問題補佐官などトランプ大統領周辺には、対イラン強硬路線で知られる人々がいる。またポンペイオ国務長官も対イラン強硬派である。イスラエルのイラン叩きは、トランプ政権との関係強化にも寄与しているのだろうか。

「敵国語」の歌を歌う人々

こうしたイランとイスラエル両国政府間の対立の構図にもかかわらず、両国の国民がお互いに憎み合っているという感触や感覚は、筆者にはない。たしかにイランのエリート層は反イスラエルの言辞を使う。しかしながら、庶民の間に強い反イスラエル感情が存在するとは思えない。

イランでデモがあると、多くの場合はイラン政府によるパレスチナやレバノンやシリアの支援に、批判的な声が上がる。周辺諸国への介入に、つまりイスラエルと対決する勢力への支援にではなく、イラン国民のために政府は力を傾注すべきだとの議論である。こうした状況を見ると、イスラエル憎しでイラン国民が燃え上がっているとはとても思えない。

イスラエルにおいても、同様に強い反イラン感情は見えない。もちろんイランの核開発は脅威であるし、シリアにおけるイランの影響力の拡大を歓迎するイスラエル人はいない。だが深い反イラン感情は見えない。たとえばイスラエルの人気歌手のリタはイランからの移民であり、ヘブライ語や英語の歌はもちろんのこと、イランの国語であるペルシア語の歌も大ヒットさせている。

イスラエルにはイランからの移民と子孫などを含めて、それなりの数のペルシア語を母語とする人々が存在する。しかし大ヒットするからには、ペルシア語を母語としない人々の間での人気も広く深いはずだ。政府が敵国と呼び、シリアでイランの軍事拠点を爆撃しているのに、国民の方はその国の言語の歌を聴いているわけだ。

なぜ憎しみが、指導層レベルでのレトリックの激しさにもかかわらず、今ひとつ燃え上がらないのだろうか。一つには、やはり両国民にとっては「敵はアラブ諸国だ」との意識が共有されているからだろうか。イスラエルは周辺のアラブ諸国と何度も戦ったし、イランはイラクと1980年代に8年間も戦争をした。

イランの歴史を振り返っても、7世紀にアラブ人に征服された苦い記憶も含めアラブ人との戦いは数知れない。

キュロス大王への感謝

また両者の間の深い歴史的なかかわりも背景にあるだろう。ペルシア人とユダヤ人の関係は、遠くはるか古代にまで遡《さかのぼ》る。キリスト教が旧約聖書と呼ぶユダヤ教聖書には、ユダヤ人のバビロン捕囚からの解放の話が語られている。

紀元前586年、バビロンの王ネブカドネザル2世がエルサレムを征服し、住民を自らの首都バグダッドに強制移住させた。これがバビロン捕囚として知られる事件である。ユダヤ人たちはバビロンの傍を流れるユーフラテス川の川辺で故郷を想い泣き崩れていた。「われらはバビロンの川のほとりにすわり、シオンを思い出し涙を流した」とユダヤ教の聖書、詩篇137篇第1節の言葉にあるように。

紀元前538年に、そのバビロンにアケメネス朝ペルシア帝国のキュロス大王が入城し、ユダヤ人のエルサレムへの帰郷を許した。そればかりか、エルサレムのユダヤ神殿からバビロンに運ばれていた様々な財宝を返還した。さらにネブカドネザルによって破壊されたエルサレムのユダヤ神殿の再建のための資金援助までキュロスは提供した。この時に建設されたのが第二神殿である。

さてバビロンの遺跡で大英博物館の発掘隊が、1879年にラグビーボールくらいのサイズの粘土板を発見した。キュロスの円筒印章として知られる遺物である。その円筒印章には、「支配地の住民の信仰の自由を保証する」とのキュロス大王の言葉が高らかに謳《うた》われている。ユダヤ教徒への言及はないものの、その文言は聖書の記述の傍証である。キュロスはユダヤ人にとってはメサイア（救世主）であった。現代のユダヤ人もキュロスに感謝している。その証拠にイスラエルでは円筒印章の切手が発行されている。

イランは、そのキュロスの子孫たちの国である。憎しみも燃え上がりにくいだろう。過去と現在が交差して、イランとイスラエルの関係に見かけ以上に微妙な光彩を与えている。

変わる在米ユダヤ人

最後に、イスラエルと在米ユダヤ人との関係の変化についてみていきたい。イスラエルにとって、アメリカのユダヤ人は両国をつなぐ太い絆の一つである。しかし、両者の間のギャップが目立つようになった。その背景には幾つかの要因がある。まず第一は世代交代である。第二次世界大戦中にドイツ占領下のヨーロッパ大陸で、ユダヤ人の大虐殺が起こった。これはホロコーストとして知られる。

第二次世界大戦末期から、この事実が知られるようになると、アメリカのユダヤ人たちは強い衝撃を受けた。ヨーロッパの同胞を救えなかったという悔悟の念にとらわれた。その反動ででもあるかのように、ユダヤ人はイスラエル支持へと立ち上がった。ナチスの迫害から逃れられる安全なユダヤ人の国があれば、ナチスのガス室で焼かれた600万人のユダヤ人の命を救うことができたのにという認識である。悔悟の念が深ければ深いほど、イスラエルへの支持は熱かった。

しかしながら、この世代が今や段々と第一線から退き世を去りつつある。若い世代にとっては、ホロコーストが遠い記憶となりつつある。また迫害と弾圧を生き抜いてきたユダヤ人にとっては、いざという時に避難所となるイスラエルという国が必要だとの議論も、説得力を失いつつある。アメリカでユダヤ人は大変な成功を収めており、ユダヤ人ゆえの差別という経験も稀になりつつあった。少なくともトランプが大統領になるまでは。それ以降はユダヤ人がテロの被害者になるような事例が増えている。

「本物」のユダヤ教徒

第二に、宗派の違いがアメリカとイスラエルのユダヤ人の間の距離感を広げている。これはユダヤ教の伝統をどのくらいまで厳格に守るかの問題である。アメリカのユダヤ人の間では、改革を受け入れる人々が多い。たとえば女性のラビ（導師）がいたりする。ところが、イスラエルでは伝統を守ろうとする考えが強い。となると両者の間に心理的な隙間が生まれやすくなる。

具体的な事例を紹介しよう。イスラエル占領下のエルサレム旧市街の「嘆きの壁」がある。ユダヤ教の聖地である。ここでは壁に向かって左側で男性が祈り、女性は右側で祈る。ところがアメリカの改革的なユダヤ教徒の間では、両者は一緒に祈るべきとの主張がある。保守的なユダヤ教徒は、こうした「改革」を拒絶しており、祈りの形式を巡って両者が対立している。

もう一つ例を挙げよう。ユダヤ教への改宗の問題である。現在のユダヤ教は宣教の宗教ではない。つまりキリスト教やイスラム教のように、布教によって信徒を増やそうとはしていない。日本の神道のように、その宗教の家庭に生まれたから、その宗教の信徒になるのである。

しかし、それでもユダヤ教への改宗を希望する人もいる。最も一般的なのは、キリスト教徒がユダヤ教徒と結婚して改宗する場合である。たとえばトランプ大統領の娘のイバンカは、ジャーレド・クシュナーというユダヤ教徒と結婚した。そして改宗している。そのユダヤ教への改宗は、イスラエルにおいては正統派と呼ばれる宗派のラビによるものしか認められない。

つまりアメリカの改革的な宗派のラビが改宗の儀式を行っても、イスラエルではユダヤ教徒として認められないわけだ。これはイスラエルが、アメリカの改革的なユダヤ教徒を本物のユダヤ教徒として認定しないと言うのと同じである。長年にわたってイスラエルを支持してきたアメリカのユダヤ教徒を、ニセモノ扱いしているわけである。これがイスラエルとアメリカのユダヤ教徒の間の溝を深めている。

そしてキリスト教福音派によるイスラエル支持に、アメリカのユダヤ教徒は居心地の悪さを覚えている。アメリカのユダヤ人の大半はリベラルであり、民主党支持である。共和党支持の岩盤であるキリスト教福音派とは、違う世界観を抱いている。そして、やはり福音派の支持を受けるトランプを、大半のユダヤ人は嫌っている。トランプの人種主義的な言辞が、反ユダヤ主義を煽っていると感じている。先ほど述べたように、ユダヤ人に対するテロなども発生している。

２０１６年の大統領選挙では、ユダヤ人の大半は民主党のヒラリー・クリントン候補に投票した。また２０１８年の中間選挙でも民主党を支持した。ちなみに、この選挙では民主党が下院を押さえた。そのトランプ大統領と福音派の支持を受けるイスラエルに、白けた思いを感じ始めたユダヤ人は多い。そして何よりも、アメリカのユダヤ人のリベラルな価値観と相いれないのがイスラエルのガザ地区とヨルダン川西岸の占領である。

国を脅かす人口動態

イスラエルは現在、世界有数のハイテク国家に数えられている。そのハイテクもあり、たしかにイスラエルは外部からの軍事的な脅威に対しては、十分に対応する力を有している。しかし、現在のイスラエルを何よりも脅かしているのは、内部的な要因だ。それは人口動態である。

人口動態に関する議論は二つに分けて考える必要がある。まず第一に、国際的に認められた国境線の内側での人口動態。そして第二に、占領地であるガザ地区とヨルダン川西岸地区を含む広い地域での人口動態である。

最初に、占領地を除いたイスラエル国内での人口動態を見ておこう。イスラエルの中央統計局の2019年5月の発表によれば、この国の総人口は約900万人で、その74%がユダヤ人で他がアラブ人などである。実数にするとユダヤ人が670万人だ。イスラエルの成立時に、先住のパレスチナ人が故郷を追われて難民となった。その数は70万人以上である。現在、その子孫を含めると、数百万人が難民としてヨルダン、レバノン、シリアなどの周辺国を中心に生活している。

しかしながら、イスラエルの成立にもかかわらず、故郷に踏みとどまったパレスチナ人もいた。現在はイスラエル市民として生活している。その子孫を含めると人口の21％を占めている。実数にすると、190万人である。その他は、ユダヤ人でもアラブ人でもない少数派である。実数にすると43万人である。イスラエルの人口の約2割は、アラブ人が構成している。キリスト教徒やイスラム教徒のアラブ人である。

イスラエル国内の生涯出生率は、3・1程度である。これは一人の女性が生涯に産む子供の数である。これが2・07程度であれば、人口は安定し、それ以下であれば減少し、それ以上であれば増加する。不遜にも自らを先進工業国と自称する国々の大半では、日本も含め、この数値が2・07を切り、人口の減少を経験している。ところがイスラエルは例外である。

背景には何があるのだろう。一つは、好景気が持続しているという経済要因があるだろう。第二に、不妊治療が広く行われているという医療の水準の高さがあるだろう。この面でも、イスラエルのハイテクが大きな役割を果たしている。

宗派別の出生率を見るとイスラム教徒の方が高いものの、近い将来、イスラム教徒がイスラエル国内での人口比を大幅に増やす可能性はない。

注目すべきは、ユダヤ教徒内での出生率の比較である。ユダヤ教の超保守派と呼ばれる人々の間の出生率が極端に高い。数値は7を超えている。ということは長期的には非常に宗教的な層の人口比が高まっていく。これが、宗教的には改革派の傾向の強いアメリカのユダヤ教徒と、イスラエルとの間の心理的な距離をこれまで以上に広げかねない。

占領政策がイスラエルを滅ぼす

イスラエルにとって、そしてイスラエルを支持してきたアメリカのユダヤ人にとって、より重大な問題はヨルダン川西岸の占領とガザ地区の封鎖、そして、その両方での人口動態である。ヨルダン川西岸には300万人の、そしてガザ地区には200万人のパレスチナ人が生活している。そして、その生涯出生率は4を超えている。

国際的に認められたイスラエル国境内、ガザ地区、ヨルダン川西岸の人口を合わせる

パレスチナ自治区ガザ地区のイスラエル境界近くで、盛り土に座ってイスラエル側を眺めるパレスチナ難民（写真：朝日新聞社）

と、1400万人になる。そのうちの670万人はユダヤ人である。そして690万人はパレスチナ人になる。聖地パレスチナ、つまりイスラエルとガザ地区とヨルダン川西岸を合わせた地域の人口の過半数は、ユダヤ人ではない。そして占領地での出生率の高さを考慮すると、パレスチナ人の比率はさらに高まってくる。これが人口動態的な実態である。

ガザ地区は、イスラエルとエジプトによって経済封鎖状態が続いている。世界最大の監獄といった状況である。200万人のパレスチナ人を、ここまで追い詰める政策に世界の非難が集まっている。

そしてヨルダン川西岸では、ほんのわずかな土地がパレスチナ人の自治に委ねられているだけで、大半の地域がイスラエルの支配下にある。つまり占領下にある。その占領下では、パレスチナ人の土地を奪ってユダヤ人の入植活動が行われている。

そしてパレスチナ人の移動の自由などが制限されており、重大な人権の蹂躙《じゅうりん》が日常化している。聖地という土地にユダヤ人が特権階級として君臨し、二級市民としてのイスラエル国籍を持つパレスチナ人がいる。さらに、その下に占領下のパレスチナ人が生活している。

どこかで見たような社会構造である。そう、かつて少数派の白人が多数派の黒人を支配した南アフリカの支配構造と類似しているのだ。南アフリカの人種隔離と差別の構造には、アパルトヘイトという名称がつけられていた。このまま占領を続ければ、イスラエルが新たなアパルトヘイト国家になってしまう。いや、すでにそうなっている。そうした議論が盛んである。

つまり現在の占領政策を続ける限り、イスラエルがユダヤ人国家であり同時に民主主義国家であることは不可能である。もしイスラエルの支配地域全体で民主主義を実施すれば、つまりパレスチナ人にも投票権を与えれば、この国をパレスチナ人が支配することとなる。しかし、現状を続ければアパルトヘイト状態の継続である。民主主義を実践してユダヤ人国家を止めるか、ユダヤ人の支配を続けてアパルトヘイト国家となるのか。ユダヤ人国家で民主主義国家というのは占領を続ける限りはありえない。イスラエルが直面するディレンマである。

これがイスラエルに対するアメリカのユダヤ人の支持を掘り崩している。リベラルな傾向の強いアメリカのユダヤ人にとって、アパルトヘイトのような体制を維持するイスラエルの支持は困難だからだ。こうしてみると、イスラエルにとっての最大の脅威は、イランでもなければハマスでもない。イスラエルのリベラルな新聞の『ハーレツ』のブラッドレー・バーストンが語るように、自らの占領政策が生み出した人口動態である。

この問題を解決できるのは軍事力でもハイテクでもない。政治的な叡智《えいち》のみである。

コラム①

カジノでつながるイスラエルと日本

ネタニヤフ首相のイスラエルと日本とは、カジノを通してつながる可能性がある。カジノと中東外交に何の関係があるのか。それは、日本に進出が有力視されるカジノ企業の一つがサンズ社だからである。

同社はラスベガスで成功し、その後にマカオに、さらにシンガポールに進出している。莫大な投資で知られている。シンガポールに同社が建設した統合型リゾート施設のマリーナ・ベイ・サンズの総工費は、数千億円と伝えられている。三本の巨大なビルが立ち並び、その三本がお皿を抱えているような構造である。お皿の部分がプールと展望台になっている。

さて、日本にもカジノを建設しようとの動きがある。日本の指導層も興味を示しており、たとえば日本の首相がシンガポールを訪問した際には、わざわざマリーナ・ベイ・サンズを視察した。統合型リゾート施設とは、賭博施設を中心にホテル、ショッピング・センター、会議場、博物館、劇場、結婚式場などを配置した施設である。

このカジノの経営者はシェルドン・アデルソンである。ロシアから移民したユダヤ人の子供として生まれた。1933年生まれなので、現在86歳ほどである。第二次世界大戦が1945年に終わり、ヨーロッパで数百万のユダヤ人が虐殺された事実が広く知られるようになった頃に、アデルソンは12歳であった。ヨーロッパの同胞を救えなかったという悔悟の気持ちを強く抱いているユダヤ人の世代に、アデルソンは属している。その「罪悪感」が、この世代の熱烈なイスラエル支持の背景に横たわっている。

アデルソンは、アメリカでは共和党支持者として知られる。2016年の大統領選挙では、トランプ候補を支援した。またアデルソンの夫人のミリアムは、イスラエル市民である。アデルソンは、そのイスラエルでも資金力を背景に大きな影響力を発揮している。パレスチナ占領地へのユダヤ人の入植活動を、資金面で支援している。また、ネタニヤフ首相とは親しい関係である。

さらにアデルソンは、イスラエルで新聞を発行している。『イスラエル・ハヨウム』である。ハヨウムとは、ヘブライ語で「今日」を意味している。この新聞には二つの特徴がある。一つは、その内容である。その論調は、ネタニヤフ支持という明確な方針で貫かれている。ということは、毎日毎日、読者はネタニヤフ現首相の賞賛記事を読まされるわけだ。この新聞を、イスラエルでは一部の人々は「ビービーニュース」として言及する。ネタニヤフ首相のニックネームが「ビービー」だからだ。

もう一つの特徴は、この新聞がフリー・ペーパーである点だ。つまり無料で配布されているわけだ。他の新聞は、イスラエルでは店売りだと5シェケルほどである。150円程度だろうか。有料の新聞を買わずに、このハヨウム紙を読む人が多い。事実、この新聞がイスラエルでは一番広く読まれている。新聞社の経営は、それでなくてもネットに押されて苦しい。アデルソンの無料新聞は、それをさらに圧迫している。

さて、トランプ政権がイスラエル建国70周年に合わせて、アメリカ大使館をテルアビブからエルサレムへ移転させると発表すると、アデルソンは、エルサレムの新たな大使館の建設費用の負担を申し出た。そして、2018年5月にアメリカはエルサレムの総領事館の一部に大使館を「移転」させた。つまり、まだ新たな大使館は建設されていない。

イスラエルの一部のメディアによると、日本にカジノを開くのをアデルソンに認可するようにネタニヤフ首相が日本に求めた。またトランプ大統領も同じような要請をしている。そして2016年に日本でも「カジノ法」が成立した。

もし仮にサンズが日本に進出した場合には、日本で使われたお金が回り回って、パレスチナ占領地でのユダヤ人入植地の建設資金として寄付されるような状況も考えられる。日本の中東政策のイメージは、傷つくだろう。ギャンブル依存症などの社会的な問題ばかりでなく、こうした外交的な意味もカジノの議論では考慮したい。

日本の中東外交を、カジノでルーレットに乗せてギャンブルしてはならない。

第3章　イランとアメリカの因縁

双方の被害者意識

トランプのアメリカ、そしてネタニヤフのイスラエルが敵視する国は、中東の石油大国のひとつ、イランである。イランとアメリカの間には、深い因縁がある。歴史をたどってみよう。

イランで石油が発見されたのは、20世紀の初頭であった。イギリスは、いち早くイラン原油の生産と販売を独占的に支配し、莫大な利益を上げた。しかし第二次世界大戦後、より公平な利益の分配を求める声がイラン国民の間で起こる。その声を代表したのが、1951年に首相に就任したモサデグであった。

モサデグ首相は、石油産業の国有化を断行する。これに対して、国有化の動きが他の産油国まで広がるのを懸念した欧米の大石油会社は、イラン原油のボイコットで応じた。こうして経済的に追い詰められたモサデグ政権を、イギリスやアメリカの諜報機関が1953年にクーデターを引き起こして転覆させた。そのための道具となったのはイラン軍であった。

つまり民主主義の本家のような顔をしているアメリカやイギリスが、民主的に選ばれたイランのモサデグ首相をクーデターで倒したわけだ。クーデターに参画したアメリカの諜報機関ＣＩＡ（中央情報局）の要員の一部が罪悪感を覚えたほど酷い話である。

そのクーデターの実施本部の役割を果たしたのが、テヘランのアメリカ大使館であった。そのため、大使館は陰謀の巣窟であるとの認識が、イラン人の心理に深く刻み込まれた。１９５３年のクーデターは、１９７９年の大使館事件の伏線であった。

また、モサデグ政権が倒れた後にイランを支配したシャー（国王）は、アメリカやイスラエルの支援を受けて育成した秘密警察を使い、民主化を求めるイラン国民の声を弾圧し続けた。革命によってシャーを打倒したイランの現体制の幹部の多くは、この秘密警察により投獄され拷問された経験を持っている。このような経験を踏まえ、イランこそがアメリカの被害者であるとの認識をイラン国民の多くが抱いている。

１９７９年にイランで革命が起こり、反アメリカの旗を掲げるイラン・イスラム共和国が誕生した。１９７９年11月には、テヘランのアメリカ大使館が学生たちに占拠され、大使館員が人質になるという事件が起きている。この占拠は４４４日にわたって続き、アメリカ人の多くがイランによって辱められたとの感情を抱いた。アメリカ人の心理に深い反イラン感情を刷り込んだ事件であった。

アメリカ・イラン関係の特異さは、このように両方が「被害者だ」という意識を持っている点である。被害者ばかりで加害者のいない関係だ。アメリカ人にとっては1979年の人質事件が両国関係の原点であり、イラン人にとってはアメリカが仕掛けた1953年のクーデターが原風景である。

イラン・イラク戦争とレバノン戦争

イランと敵対するアメリカ、イスラエル、サウジアラビアといった国々は、周辺の国々で紛争が起きるたびに、何らかの形で介入してきた。結果的に、イランとの代理戦争のような展開になることも多い。そのいくつかを見ていこう。

1979年の革命でイラン・イスラム共和国という国が誕生した。この体制の最大の外交目標は、生き残りであった。そして、その影響力の拡大であった。革命の翌年の1

980年に、サダム・フセインのイラクがイランを攻撃した。イランと敵対するアメリカは、イラクを支援した。イランは以降の8年間をイラクとの戦争に費やすことになる。その生き残りを懸けた戦いでイランは北朝鮮と接近した。兵器を輸入するためであった。

イランの革命政権が誕生して4年目の1982年に、イスラエル軍がレバノンに侵攻して南部を占領した。シーア派の多い地域である。イランはレバノンのシーア派の組織化を支援した。その結果、ヘズボッラー（ヒズボラ・神の党）という組織ができ上がった。軍事組織でもあるし、貧しいシーア派に生活面の支援を与える福祉機関でもある。さらにレバノンの政治にも進出している政党でもある。

このヘズボッラーがイスラエル軍に激しいゲリラ戦を挑んだ。その結果、レバノン南部を占領していたイスラエル軍に多数の死傷者が出た。やがて犠牲に耐えられなくなりイスラエル軍が撤退した。イランが支援したヘズボッラーの軍事的な勝利であった。アラブ諸国の軍隊やゲリラを圧倒し続けて来たイスラエル軍にとっては、前例のない敗退であった。

イラク戦争――アメリカのオウンゴール

中東のパワーバランスを根本的に揺り動かした事件の一つが、アメリカのイラク攻撃であった。ブッシュ（息子）大統領の政権は、２００３年3月にイラク戦争を開始した。たちまちのうちに首都バグダッドを攻略し、４月にはサダム・フセイン政権を崩壊させた。そして、この年の12月にはフセインが処刑された。アメリカの軍事的な勝利であった。

そしてアメリカはイラクの支配政党であったバース党を始め、軍や治安警察などを解体した。これによって、イラクをまとめる政府機関がなくなった。イラクは混乱した。その混乱に乗じて反アメリカ勢力が台頭した。さらにバグダッドに新たに誕生したシーア派主体の政権に対する、スンニー派の反乱も起こった。イラクは内戦状態に陥った。アメリカの政治的な失敗であった。

外交的に見ると、アメリカは、イランに対して大きな軍事的圧力となっていたイラクを崩壊させた。イラクの崩壊は、イランの存在感を高めた。またイランは、バグダッドのシーア派政権、北部のクルド人勢力などを支援して、イラクへ影響力を浸透させた。敵のエラーで点数を取ったようなものである。サッカー風に言えば、アメリカのオウンゴールによるイランの得点であった。

シリア内戦――「シーア派」の同盟者

イランがレバノンのシーア派を支援する際に、重要な役割を果たしたのはシリアであった。シリアは前に触れたイラン・イラク戦争においては、民族的に同じアラブのイラクではなくペルシアのイランを支援した。シリアもイラクもアラブの統一を旗印に掲げる同じバース党の支配下にある。にもかかわらず、シリアはイラクではなくイランを支持した。なぜだろうか。

バース党というのは「アラブ復興社会主義党」の略で、アラブ諸国を統一することでアラブの過去の栄光を取り戻すと主張している。つまり復興するわけだ。その復興の手段が社会主義である。シリアもイラクも同じバース党なのだから、合併すればよさそうなものだが、実はそうもいかない。どちらのバース党がアラブ統一の主導権を握るかで両者は対立していた。シリアはイラクの強大化を望んでいなかった。

イラクに共同して当たるという以外にも、イランとシリアを結ぶ線があった。それは宗教である。イスラム教に、スンニー派とシーア派が存在する事実はよく知られている。だが、イスラム教ほど信徒の多い宗教となると、それ以外の宗派も、もちろん存在する。そして、イスラム教に属するのかどうか議論のある周縁の宗派もある。たとえばアラウィー派だ。イスラム教徒の間では、アラウィー派がイスラムの一部であるかに関しては意見が分かれている。シーア派の一部であると見るものと、イスラムではないとみなす意見とがある。

さて、シリアのアサド大統領の一族など、この国の支配層のかなりの部分がアラウィー派によって占められている。アラウィー派は、シリアの人口の1割強を占める少数派である。もし、かりにアラウィー派がイスラム教ではないとなると、異教徒がシリアの多数派のスンニー派を支配していることになる。これは、はなはだ座りが悪い。

この点に関してイランの宗教界が、アラウィー派はシーア派の一部であるとの見解を示している。つまりアラウィー派はイスラムに属しているという判断である。これはアラウィー派にとってはありがたい。宗教的な面でも、イランとアサド政権は提携関係にあるわけだ。イランとシリアは、シーア派の同盟という形になる。

イラン・イラク戦争中には、この同盟がイランを助けたが、2011年以来のシリア内戦では、今度はイランが、シリアのアサド政権を助けた。

まず、イランの同盟者ともいえるレバノンのヘズボッラーが、兵員を送ってアサド政権を支援した。さらにイランはアフガニスタン、イラクなどでシーア派の若者を募集してシリアに送り込み、アサド政権のために戦わせた。その上、イランの革命防衛隊自身も、兵員を送ってアサド政権を支えた。こうした介入を通じて、イランはシリアに足場を固めた。

しかもアサド政権側を支援するロシア空軍の介入もあり、内戦はアサド政権の勝利で終わりつつある。これによって、反体制側を支援していたサウジアラビアなどの影響力は消滅しつつある。

シリアにおいても、イランは影響力を拡大させた。イランは、シリアの内戦を引き起こしたわけではない。シリアのアサド政権の支援要請を受けて、介入して影響力を拡大させた。積極的に介入したわけではない。目の前に突き出された状況に対応したわけだ。

イエメン内戦――「幸福のアラビア」の不幸

イランが積極的に進出を狙ったのではないが、結果的には介入してしまった例として、もう一つイエメンの内戦を指摘できる。

砂漠の乾燥気候で知られるアラビア半島でも、その南端のイエメンは例外的に雨が降る。インド洋から湿気を含んだ風がイエメンの山々にぶつかり雨を降らせるからだ。雨の恵みが農業を可能にする。雨はアラビア語で「マタリ」という。この地で栽培されるコーヒーが、紅海のモハー（モカ）港から出荷され、モカ・マタリとして知られる。この雨の恵みゆえに、古来イエメンは「幸福のアラビア」として知られてきた。

この幸福のアラビアは、今は不幸な内戦の最中にある。シリアに内戦をもたらしたアラブの春は、イエメンでも同じように内戦への伏線となった。長年にわたり権力の座にあったアリーアブドッラー・サーレハ大統領が辞任に追い込まれた。そして、その後の混乱は民主的なイエメンではなく内戦をもたらした。２０１４年からイエメンの人々は内戦に苦しんでいる。

その内戦の中でフーシー派と呼ばれるシーア派の人たちが立場を強めた。そしてイランに支援を求めた。その内戦の過程でフーシー派が首都サナアを制圧した。イランは、どうもフーシー派の首都制圧に反対したようだ。

この事実から二つの推測ができる。ひとつは、フーシー派に対する限定的な支援を始めたとはいえ、イランは内戦の拡大を望んでいなかった。もうひとつは、イランのフーシー派への影響力は限定的である。

ここでも、イランは状況に吸い込まれるようにしてイエメン内戦の一方に肩入れするようになった。フーシー派と戦っている勢力はサウジアラビアなどの支援を受けている。サウジアラビアやアラブ首長国連邦は２０１５年から本格的にイエメン内戦に介入しフーシー派に対する空爆を行っている。

成功の代償

イランの地域外交は、あまりにも成功し過ぎている。イランが望んだわけでもなく、敵のエラーにより舞い込んできた外交的な勝利が続いている。棚ボタ式の成功の連鎖である。次々に落ちてくるボタモチに埋まりそうである。

しかし、その成功の代償は安くない。イラクの親イラン勢力を支えるには、費用がかかる。シリアのアサド政権の支援にも多くの血と資金を費やしている。そして、レバノンのヘズボッラーへの援助も必要である。さらには、パレスチナのガザ地区を支配するイスラム組織ハマスにもイランの資金が流れている。そしてイエメンのフーシー派への援助である。

それぞれの支援の額が限られているにしても、合計すると相当な負担である。この負担がイラン経済に重くのしかかっている。

こうした負担をさらに重く感じさせる事件が2018年に起こった。それは、トランプ政権によるイランとの核合意からの一方的な離脱だった。そしてアメリカによる対イラン経済制裁の再開だった。

核合意への道

そもそも、これほど因縁の深いイランとアメリカの間で、なぜ核合意は結ばれたのか。オバマ政権時代に立ち戻って、イランとアメリカの関係がなぜ改善したかを論じたい。

長年アメリカは、イランが密かに核兵器を開発しようとしていると主張してきた。だが、その証拠を公開しようとはしなかった。ところが、2002年にイランの核開発施設の衛星写真が公開された。暴露されたと表現すべきだろうか。公開したのは、イランの反体制組織のモジャヘディン・ハルクであった。

この写真の公開は大きな事件であった。それまでアメリカが主張していたように、イランが密かに核開発を行っていた事実が明らかになったからである。イランは、核開発は平和利用のためであると説明した。

だが、アメリカなどはその軍事転用の意図を疑った。この問題を巡ってアメリカなどの各国とイランが対立した。一方で国連の安全保障理事会は、次々とイランを非難する決議を可決した。他方、イランは核の平和利用は各国に与えられた権利であるとして核開発を続けた。緊張が高まり、アメリカあるいはイスラエルによるイランの核関連施設に対する爆撃さえ議論されるようになった。中東は、新たな戦争の危機に直面していた。

オバマのメッセージ

そうした中、2008年のアメリカ大統領選挙でバラク・フセイン・オバマが当選した。2009年1月の大統領就任直後からオバマは、この問題の外交的な解決に取り組んだ。まず、就任演説の中でイスラム世界の指導者に訴えた。

「イスラム世界の人々よ、相互の利益と尊重に基づいて新しい道を探し関係を前進させよう。紛争を引き起こしたり社会の問題を欧米のせいにしようとしたりする世界の指導者に言いたい。人々は何を建設したかであなた方を判断するでしょう。何を壊したかではなく。腐敗とごまかしと弾圧で権力にしがみついている人々に言いたい。反対を力で

2009年1月、大統領就任式で演説を行うオバマ氏（写真：時事通信社）

押さえつけている人々は、あなたがたが歴史の間違った側にいるのを理解すべきだ。しかし、もし握り締めた拳を開くなら、我々も対話の手を差し伸べよう」（筆者訳）

就任演説を始めてから十数分後の言葉であった。

こぶしを握り締めている指導者は誰か。その一人は間違いなくイランの当時の大統領のマフムード・アフマドネジャドであると、多くが考えた。アフマドネジャドは、イランの革命防衛隊の出身で、対外関係において強硬なイメージを打ち出していた。

たとえばイスラエルを激しく批判して、第二次世界大戦中のナチス・ドイツによるホロコースト（ユダヤ人の大虐殺）が本当にあったかどうか研究しようと提案したりなどして、世界の心ある人々の反発を買っていた。その前のモハマッド・ハタミ大統領が穏健派とされていたのとは、鮮明な対照をなしていた。オバマは、その人物に交渉しようと呼び掛けたわけだ。

さらにオバマは、就任から2か月後の2009年3月に、イランの指導者と国民に向けたメッセージを動画サイトにアップした。その中で、まずイランに対してイラン・イスラム共和国という正式名称で言及した。そしてイラン人の古代からの文明への貢献を讃え、最後にイランの有名な詩人サーディーを引用した。

「人間というのは同じ土塊から創られたのであるから、皆が同胞である。もし他人の痛みに心が動かないようであれば、その人は人間の名に値しない」との有名な詩である。そして最後にオバマは「エイデ・ノールーズ・モバーラク（新年おめでとう）！」とペルシア語の新年のあいさつで結んだ。

その後、毎年オバマの2期8年間に合計で8回繰り返された新年のメッセージであった。動画閲覧サイトを使ったのは、イランの検閲を避ける配慮だったのだろうか。さらにオバマ大統領は、イランのハメネイ最高指導者に何通かの親書を送った。

血で汚れた2期目の始まり

しかしオバマ政権の対イラン外交は、困難に直面した。２００９年6月に、イランの大統領選挙があった。この選挙では、現職で2期目を目指すアフマドネジャド大統領に改革派のミールホセイン・ムサビ元首相などが挑戦した。

選挙結果は、アフマドネジャド大統領の圧勝であった。しかし、それは組織的な不正行為の結果であるとして、改革派を支持する若者を中心とする大規模な抗議行動が起こった。そのスローガンは「私の票は、どこへ行った」であった。これに対して体制側は、大規模な弾圧で応じた。多くの死傷者の血で汚れたアフマドネジャド大統領の、２期目の始まりだった。

強硬派とでも交渉する用意があったのだが、さすがにオバマ政権も躊躇せざるを得なかった。相手は、強硬派であるばかりでなく血に汚れてしまったのだから。イランの大統領の交代が待たれた。

待っている間に、アメリカはイランに対する圧力を強めた。特に効果的だったのは、金融制裁だ。アメリカ財務省が主導して、イランと取引をする金融機関はアメリカの支配するドル決済のシステムから排除する政策が実施された。これで世界の金融機関の大半は、イランとの取引から手を引いた。イランとの貿易が極端に困難になった。

同じように有効だったのは、イラン原油の輸入停止であった。アメリカは同盟諸国を始め、各国にイラン原油のボイコットを求めた。アメリカや西ヨーロッパは、もちろんのこと、日本、韓国、インドなどがイランからの原油の輸入を削減した。これがイラン経済を苦しめた。

ロー「ハニー」大統領

金融制裁と原油ボイコットにより経済的に痛めつけられたイランで、2013年にアフマドネジャド大統領の2期目の任期が切れた。その後継者として登場したのが、ハサン・ローハニだ。ターバンを巻いたイスラム教の指導者であり、革命以来ずっと体制の中核にいた人物である。そのローハニが、イランの現状を批判した。

イランのローハニ大統領（写真：朝日新聞社）

その現状とは、どこにいても秘密警察が国民を監視している。イランは、そのような国であってはならない。そのような変な国では、イランはないはずだと発言した。体制内部の人間の、体制批判であった。そして自分こそが対外関係を改善し、イラン経済を救う鍵だと国民に訴えた。そして2013年6月に大統領に当選した。

この人物の体制批判を、どう理解すべきだろうか。経済制裁下で国民の不満が高まる中で、最高指導者のハメネイは、ある程度の批判の表明は必要だと考えたのだろうか。そして経済制裁の解除のために、こうした体制内の体制批判者の台頭を許したのだろうか。そしてアメリカとの交渉を担当させようとしたのだろうか。

ローハニが経済制裁の解除のために国際社会との交渉を託したのは、モハマッド・ジャヴァード・ザリーフ外相であった。アメリカで教育を受け、イランの国連代表を務めるなど、アメリカ生活の長い人物である。

ザリーフの交渉戦略は、イランがまともな国であると訴える点にあった。フランスやイギリスの核兵器が心配で、夜も眠れないアメリカ人はいない。なぜだろうか。それはフランスやイギリスがまともな国である。変なことをするような国ではない、という信頼感があるからである。そうであるならば、イランが「まともな」国だと世界を説得できれば、イランの核開発に対する懸念を緩和できるだろうという読みであった。アフマドネジャド前大統領のホロコースト否定ともとられかねない発言などは、この面からは最悪の議論であった。

ザリーフが始めた努力の一例は、ソーシャル・メディアの利用であった。動画投稿サイトのユーチューブを使って、ザリーフは訴えた。たとえば２０１３年11月にアップされた動画の中で、ザリーフ外相が静かに英語で世界に向けて語り掛けた。

動画は、静かな音楽が背景に流れる中、ザリーフ外相が古い美しい建物に入っていく。イランが伝統のある文化と文明の国であると視聴者に伝える演出である。その応接室のソファに腰かけたザリーフ外相が、静かな声で優しく語り始める。

他の国が行っていることをイランだけが禁止されている。そうした場面に直面したら、どのように対応するだろうか。圧力を受けたからと言って、正当な権利を放棄するだろうか。他の国々が原子力の平和利用を許されているのに、イランだけが禁止されようとしている。どの民族にだって誇りがあるだろう。イランもそうである。と淡々と静かに語りかけた。イランがまともな国であることを示し、核の軍事転用の意思のないことを明言し、核の平和利用の権利を主張した。

ザリーフを外相に起用したローハニ大統領自身も、西側との対話に尽くした。たとえば、自らも英語のツイッターを開始し、その中でユダヤ教徒への新年の挨拶を送った。強硬派のイメージを前面に出していた前任者のアフマドネジャドとは、打って変わった微笑戦術であった。ローハニならぬロー「ハニー（ハチミツ）」大統領であった。

結ばれた核合意

こうしてアメリカ側の熱意とイラン側の姿勢の変化が、両者間の交渉を準備した。両者は、まずオマーンの首都マスカットで水面下の接触を行った。

オマーンはユニークな立ち位置の国である。サウジアラビアを中心とするアラビア半島の君主制国家の連合であるＧＣＣ（Gulf Cooperation Council湾岸協力会議）のメンバーである。ちなみにＧＣＣの加盟国は、サウジアラビアとオマーン以外には、クウェート、バーレーン、カタール、アラブ首長国連邦である。

ところがオマーンはサウジアラビアと対立するイランと、親密な関係を維持してきた。現在の支配者のスルタン・カブースは、１９７０年にクーデターで父親を追放して権力を握った。当時オマーン南部のドファールでは、左翼ゲリラの活動が活発であった。カブースは、その鎮圧のために当時のイラン国王に軍の派遣を要請した。

そして革命で国王が倒れてからもオマーンは、イランのイスラム革命政権と関係を保持してきた。ペルシア湾岸の対岸の大国を無視できないという、健全な現実感覚に裏打ちされた外交である。そのため、イランと交渉する際の窓口になりえた。アメリカとイランが、この窓口で接触した。

交渉への感触をつかんだ両者は、P5+1対イランという交渉の枠組みを選択した。P5とは安保理の常任理事国5カ国であった。Pは常任を意味する英語のパーマネント(permanent)の頭文字で、具体的にはアメリカ、イギリス、フランス、ロシア、中国の5カ国。そしてプラス1はドイツである。伝統的にイランと深い関係にある国である。この枠組みを設定することで、アメリカもイランも両国間だけでの交渉への、国内急進派の反発を和らげる狙いがあったのだろう。

ローハニ政権の登場を受けて始まった2013年末からの本格的な交渉は、2015年7月についに包括的な合意に達した。

その骨子は、一方でイラン側は発電用の核開発の継続は許されるものの、厳しい査察を受け入れて、その透明性を高める。またウランの濃縮は続けるものの、その濃縮度に限度を設ける。さらには、濃縮ウランは一定量までしか保有しない。それを越えた部分は海外に輸出する。こうした制限を受け入れて、軍事転用の懸念を払拭する。他方で諸大国の側は、イランに対する経済制裁を解除するであった。

イランの核武装を阻止するために、イスラエルあるいはアメリカによる武力の行使もあり得ると見られていただけに、この問題の外交的な決着に世界が安堵のため息を漏らした観があった。

あっさり覆された核合意

しかし、こうした努力により結ばれた核合意は、トランプ政権になってあっさり覆された。

第1章でも触れたように、2016年の大統領選挙で候補者のトランプは、イラン核合意を激しく批判した。そして2018年の5月に、この合意から一方的に離脱した。さらにオバマ政権期に停止されたイランに対する経済制裁を同年8月に再発動し、その制裁を一段と強化した。トランプ大統領の周辺では、これによってイランの体制を転覆できるのではないかとの期待がある。また、それは無理でも少なくともイランの外交に影響を与えられるのではとの計算がある。

たしかに、アメリカの核合意からの離脱表明を受けてイランの通貨は暴落した。通貨の切り下げは、輸入物価の上昇を引き起こした。イラン各地で経済状況の悪化に抗議するデモが起きている。イランの支配層は大きな危機に直面している。

さて、アメリカの対イラン経済制裁は、４段階に分類できる。第一はアメリカ企業のイランとの取引の禁止である。第二は、イランと取引する企業のアメリカ市場からの排除である。そして第三にイランと取引する金融機関のドル決済システムからの排除である。こうなると大半の金融機関はイランとは取引できなくなる。ということはイランとの間に大規模な資金の移転ができなくなり、商売はできない。日欧の企業のイランからの撤退が起こっている。そして、最後の第４段階が、イラン原油の輸入禁止である。米国は各国にイラン原油の輸入停止を求めている。

欧州諸国のイラン原油への依存度は低い。日本でさえ総輸入量の５％程度である。イラン原油抜きでも経済は回るだろう。また金融機関がイランと取引できないので、石油代金の支払い方法がない。イランからの石油輸入の継続は難しい。となると、イランはアメリカの要求を無視できる国に依存するしかない。中国である。アメリカの対イラン経済制裁は、中国のイランでの影響力を増大させる。

懸念されるのが、イランの合意からの離脱の可能性である。仮に大規模なウラン濃縮を再開するなどして、イランが核兵器保有の方向に走り始めたら、どうなるだろうか。国際社会には、二つの選択しか残されない。一つは、イランの核兵器保有の容認である。そして、もう一つの選択は戦争である。いずれも不愉快な選択になる。

離脱につながった米国民のイラン認識

こうした問題にもかかわらず、なぜトランプは合意から離脱したのか。その背景は米国民のイラン認識である。前にも見たように、1979年のイラン革命期にテヘランの米大使館が占拠され、館員が人質にされるという事件があった。この事件は444日間にわたって続いた。その結果、米国民のイラン・イメージは決定的に悪くなった。従ってイランを叩くことは、政治家にとってプラスである。

経済制裁の実施に関してトランプ政権の内部で議論があったようだ。というのは、イラン原油をボイコットすると石油の価格が上がる。ということは、アメリカの消費者がガソリン・スタンドで支払う料金が上がる。これは2020年の大統領選挙での勝利を目指すトランプには、望ましくない。それゆえ、イラン原油のボイコットを訴えながら、アメリカはトルコ、インド、中国、日本、韓国などに一定の猶予期間を与えた。2019年5月までは、イラン原油の輸入を許すという決断をホワイトハウスが下した。

そして、その5月が来ると、アメリカは今度は各国にイラン原油の全面的な輸入停止を求めた。イランの石油輸出をゼロにするとアメリカは豪語している。石油価格の高騰の懸念はどうなったのだろうか。アメリカは、イラン原油が市場から消えても価格は急騰しないと判断したようだ。

この判断の背景にあるのは、一つはアメリカ国内の石油生産の上昇である。2018年には、アメリカはロシアやサウジアラビアを追い抜いて世界最大の産油国となった。イラン原油の分をアメリカの生産で埋め合わせるという計算である。またサウジアラビアとアラブ首長国連邦の石油の増産にも期待している。

さて、その同じ5月に、イランのローハニ大統領が核合意の義務の一部停止を宣言した。同大統領は、核合意の枠組みそのものは守るとしながらも、イランからの核物質の輸出の停止を発表した。これは、こうした物質を一定量以上はイラン国内に置かないという合意からの逸脱である。アメリカの合意からの離脱と経済制裁から考えると、当然の動きでもある。イランの狙いは、イギリス、フランス、ドイツ、中国、ロシアという合意の他の署名国に対する「何とかしろ」という訴えであった。また、イラン国内の強硬派に対してのメッセージでもあった。ローハニ政権が外交的に反撃に出た観があった。イランが合意から離脱する可能性を各国に思い起こさせた。

この時期アメリカは、イラン周辺に航空母艦や戦略爆撃機などを派遣してイランへの軍事的圧力を強めた。そしてペルシア湾の出入り口であるホルムズ海峡付近でタンカーが何者かによって損傷するという事件が発生した。イランもアメリカも戦争は望んでいないものの、偶発的な衝突による戦争というシナリオが浮かび上がってきている。

この周辺での軍事衝突は、日本などへのエネルギー供給を脅かす。そうなれば世界経済は不況へと転げ落ちることになろう。各国の自制が望まれる。

中国へ接近するイラン

　さて再び経済制裁で追い詰められることになったイランは、アメリカの要求を無視できる国に依存するしかなくなった。ロシアと中国である。だがロシアは自国が石油輸出国なので、イランの石油を輸入することはない。となるとアメリカの対イラン経済制裁は、イランを中国へと追いやる結果となる。中国のイランでの影響力を増大させている。中国をライバル視するアメリカが、ライバルの友人を増やしているようなものである。

　制裁の影響を受けて、イランの外貨の稼ぎ頭である石油の輸出量は、制裁前の日量250万バレルから、2019年の初頭の段階で日量にして100万バレルまで低下した。つまり150万バレルの減少である。そしてイランの通貨リアルの対ドル交換レートが、大幅に低下した。それが輸入物価の上昇に跳ね返り、厳しいインフレが庶民生活を襲っている。加えてアメリカは、すでに紹介したように、イランの石油輸出をゼロ・バレルにすると豪語している。

　しかも制裁が再開された2018年は、中東では普段にも増して雨が少なかったため、水不足がイランを襲った。イラン各地で反政府デモが発生した。現在も一部では、そうした抗議行動が続いている。デモ隊の叫び声のひとつはシリアやパレスチナのためにではなく、イラン国民のために政府は力を傾注すべきだという要求である。イラン外交の勝利の代償に国民が悲鳴を上げている状況である。

イランの苦しみは、まだ終わっていない。同国のザンギャネ石油大臣は、経済状況は1980年代の対イラク戦争時よりも厳しいと発言している。

水と油

2019年3月下旬、イランは激しい洪水に襲われた。2018年は雨が少なく水不足だったが、日照りの翌年は大雨である。そしてアメリカの経済制裁で石油の輸出が困難になっている。水と油でイランは苦労している。

洪水の被害者への救援も、ヘリコプターの数の不足に阻害されているようだ。イランは、アメリカの経済制裁でヘリコプターの交換部品の輸入に不自由している。経済制裁は、指導層の前に庶民を直撃しがちである。日本政府がイランへの災害復興支援に乗り出したのは重要だ。

コラム②

イスラムがつなげたペルシアとアラブ

よく間違えられるのだが、イランは民族的にはアラブではない。サウジアラビアなどはアラブ人の国だが、イランはペルシア人の国だ。この違いは、私たち日本人が思っている以上に大きい。

言語学的に見ても、ペルシア語とアラビア語とはまったく違う。ただ、ペルシア語でもアラビア語でも、使用するのは同じアラビア文字だ。ちょうど日本語と中国語の関係に似ている。両語は言語としてはまったく違うが、いずれも漢字が使われていて、基本的な単語や概念などを相互に理解できる場合がある。これは、交流が続いてきたからだ。

アラブ人とペルシア人をつなげたのは、イスラム教であった。イスラム教の普及を通して、アラブ人とペルシア人は文化的に融合していった。

7世紀に成立したイスラム帝国は、ササン朝ペルシア帝国を倒し、ペルシアを支配下に置いた。イスラム帝国は遊牧民が築いた帝国だったので、官僚となる人材が不足する。そこで、旧ペルシア帝国で官僚を務めていた人らを登用し、イスラム帝国の制度・文化を整えさせた。

また、イスラム帝国ではアラビア語の文法書が作られたが、それを書いたのはペルシア人だった。そもそもアラビア語を使っていたアラブ人は、文法書の必要性を感じたりはしなかっただろう。外国人であるペルシア人は、支配者の言語を学ぶ必要から文法書を必要とした。

中世においては、イスラム世界のほうがヨーロッパよりもはるかに文化水準が高かった。また、イスラム文化の担い手には、ペルシア人が多かった。イスラム文化は、アラブ人とペルシア人の融合によって花開いたと言えるだろう。そうした歴史的文化的な経緯を考えると、アラブ人とペルシア人の民族意識がそれぞれ過剰になっている現状は残念である。

アラブ人とペルシア人は、もっとお互いを認め合っていいはずだ。

第4章　蜃気楼上の王国——サウジアラビア

国家そのものがファミリー・ビジネス

中東の覇権をめぐって、イランと争いを繰り広げる石油大国サウジアラビアとは、どのような国だろうか。サウジアラビアという国は、まずその国名が特異である。サウド家のアラビアという意味である。一家族が国家を所有しているような名前である。事実、その国名が実質を表している。サウド家が、この国を支配しているからだ。

つまり、この国はサウド家のファミリー・ビジネスである。アラビア半島の大半を統一し、1932年にサウジアラビア王国を打ち建てたのは、アブドルアジーズ・イブン・サウドである。ここでは、この初代国王をアブドルアジーズと呼ぼう。

サウド家がアラビア半島を統一するにあたって、アブドルアジーズが掲げた大義はワッハーブ派の布教であった。サウド家は、イスラムを厳格に解釈するワッハーブ派と呼ばれる流れの宗派と同盟関係を結んだ。ワッハーブ派は、サウド家にアラビア半島を統一する大義名分を与えた。そして王家となったサウド家は、この宗派の指導層に社会を規定する権限を与えた。これによって厳格なイスラム解釈が社会に押し付けられた。

ムタワと呼ばれる宗教警察が街を巡回し、礼拝を強制し、ワッハーブ派の規範からの逸脱を罰してきた。学校では、ワッハーブ派の解釈によるイスラム教育が重視された。婚姻によって、サウド家とワッハーブ派の創始者の家系であるシェイフ家は、同盟関係を固めた。赤い血が、両家の同盟関係を裏書きしていた。

政府と国民の「暗黙の契約」

貧しい砂漠の王国だったサウジアラビアを劇的に変えたのは、1940年代の石油の発見だった。第二次世界大戦後に、本格的な石油開発が始まると、この国は突然に豊かになった。

1950年代にイランのモサデグ首相が石油産業の国有化を宣言したことをきっかけに、イラン産原油を大手の石油会社がボイコットした事件は、前の章で紹介した。この時には、サウジアラビアなどが石油を増産し、イランの原油のマーケットを奪った。この石油の富が、政治を牛耳るサウド家と国民の間に暗黙の契約を可能にした。そして、この国の王制を支えた。

　その暗黙の契約とは何か。それは、一方で政治はサウド家の一族が独占する。つまり国民は政治には口を出さない。他方でサウド家は、国民に超福祉国家を提供する。医療、教育、住宅、公共料金などがすべて無料で、税金などという野暮なお金の支払いを、政府は国民に求めない。しかも、国民は実際には働かなくてもいい。公務員になってお役所に通い、書類に署名して働いているふりをしていればよい。後はお茶を飲んで新聞を読んで、おしゃべりをしていれば済む。これが王家と国民の間の取引であった。王家と国民の間の黒い原油で書かれた、暗黙の契約であった。

　それでは、実際には誰が働いて社会を動かすのだろうか。それは外国人労働者である。肉体労働の大半が、外国から輸入された労働者によって行われた。石油の富によって雇われた外国人たちが、この国のすべてを建設した。『アラビアン・ナイト』に、アラジンの魔法のランプの話がある。この不思議な油のランプを擦ると魔物が出てきて、何でも希望をかなえてくれるという話である。石油の富が、まさに魔法のランプなのだ。この国は、石油収入によって魔物ならぬ労働力を輸入して社会を回してきた。そして、砂と石油以外のすべてが輸入された。現代のサウジアラビアができ上がった。

サウジアラビアに掛けられた石油の魔法が、1970年代に強くなった。目もくらむほどにである。1973年の第四次中東戦争が引き金となった第一次石油危機は、石油価格を4倍にした。そして1978年に革命状況に突入したイランからの石油輸出が止まると、価格はさらに倍になった。第二次石油危機であった。二回の石油危機を経て、1970年代に石油価格は8倍になった。

この石油価格の高騰は、消費国にとっては危機であったが、輸出国にとっては引き当てた幸運であった。この幸運が産油国の社会を、骨の髄まで油漬け体質にした。働かなくとも食べていけるとのメンタリティーが強められた。

アラビアン・カクテル

王族と国民の暗黙の契約は、サウジアラビアだけの例外的な現象ではない。アラビア半島の産油国の典型である。クウェートでもアラブ首長国連邦でも、あるいはカタールでも、こうした暗黙の契約が石油やガスの輸出からの収入によって裏書きされてきた。

最初にサウジアラビアを訪問した時に、英語の話せるエリートが「ウエルカム・トゥー・ザ・キングダム（王国へ、ようこそ）！」という挨拶で迎えてくれた。なんだか、マジック・キングダム（魔法の国）のディズニーランドに着いたような気がした。

このサウジアラビアにしろ、ドバイにしろ、カタールにしろ、クウェートにしろ、この地域の産油国を訪問して受ける感覚が、まさにディズニーランドに入園したような現実感の薄さである。蜃気楼の遊園地に入ったような感覚にとらわれる。魔法が解けると、また砂漠に戻ってしまいそうな幻覚がする。

そして、本当に魔法が解けそうな雰囲気が20世紀末から出てきた。というのは幾つかの不安定要因が交差し始めたからである。一つは石油価格の乱高下である。第二が人口の増大である。そして第二が指導者の交代である。この三つの要因を混ぜ合わせると、爆発性が高くなり、既存の体制を吹き飛ばすのではと懸念される。この三つの組み合わせを、ここでは「アラビアン・カクテル」と呼ぼう。

まず第一の石油価格の動きについて説明しよう。１９７０年代から一本調子で右肩上がりで上昇を続けた石油価格が、1980年代に入って下落した。上がった物は落ちるしかない。石油価格を含めて地上では普遍の真理なのだが、それでも産油国にとってはショックであった。

国際会議で石油輸出国の代表が、輸入国の代表者を前にミネラルウォーターのペットボトルを振りながら、産油国の輸入する水の方が輸出する原油より高価だと語るような場面が見られるようになった。石油価格の下落は、産油国の社会全体を揺さぶる。

そして第二の要因が人口の増大である。医療も教育も無料であるならば、国民は安心して子供を産み育てられる。福祉体制の完備は、人口増を引き起こした。サウジアラビアの統計には、高い信頼性がないと言われる。

しかし、それでも大きな流れはわかる。1960年代からの半世紀で、人口は7倍になっている。つまり400万人から2800万人に増えている。この数字の精度を論じることは可能だが、意味がない。大きな流れは明白である。人口が急増した。そして、その急増した人口を石油収入で食べさせていく必要がある。だんだんと福祉体制に無理が見えてきている。

王位継承は「横パス」から「縦パス」へ

そして、三番目の問題が指導者の世代交代の時期が来ている点である。中東の指導者の多くは、独裁者か君主で、なかなか退陣しない。交代がない。その結果、賞味期限が大昔に過ぎたような指導者が多い。サウジアラビアの場合もそうである。現在のサルマン国王は、1935年生まれで80歳を超えている。

サウジアラビアの王位継承というのは、二代目以降は、これまで親子ではなく兄弟間で行われてきた。初代のアブドルアジーズが亡くなると、王位は息子のサウードが継いだ。1964年にサウードが退位すると、兄弟のファイサルが第三代の国王となった。そして現在の第七代のサルマン国王まで、兄弟間で王位が移動してきた。いわばラグビーのボール回しのように、横へ横へと王位をつないできた。第二世代の兄弟間での王位の移動であった。したがって王位に就いた時には、皆それなりの年齢で、それなりの経験を重ねていた。

この世代は、石油時代の前のサウジアラビアを覚えている。豊かになる前の社会を覚

サウジアラビアのムハンマド皇太子（中央右）（写真：朝日新聞社）

えている。それなりの身の程を知った慎ましさと謙虚さがあった。どの国王も、基本的には大向こうを張るような外交はしなかった。背後からお金を使って根回しをして目的を達してきた。実は取るが花を取ろうとはしてこなかった。

国民の教育レベルや外国人労働者への依存などを踏まえると、とても大国として振る舞うだけの国力がないと認識していた。

ところが、いよいよ王位を次の第三世代に渡す時期が近付いている。2017年にサルマン国王は、息子のムハンマドを皇太子に指名した。次の王が誰になるべきかに関して、現国王としての意向を明らかにしたわけだ。このムハンマドは1985年生まれなので、まだ30代である。2015年に副皇太子になって権力に近づき、2017年には前述のように皇太子になった。実はサルマン国王は、その前に二人の皇太子を指名していたが、二人とも退位させた。

第二代から第七代の現国王までの兄弟間の王権の継承でなく、次の世代へ王権が渡されようとしている。これまでのラグビーのような同世代間の横パスに代わり、久しぶりにサッカーのように世代を越えた縦パスが出されようとしている。そして、この皇太子が実権を掌握して改革に乗り出している。パスは上手くつながるだろうか。

バーレーン――産油国のモルモット

サウジアラビアの改革の本論に入る前に、隣国のバーレーンについて語りたい。というのは、この国の実情が、産油国が産油国でなくなった時に何が起こるのかを教えてくれるからである。バーレーンは、サウジアラビア東海岸の沖に浮かぶ島国だ。広い意味での中東で最初に石油が発見されたのは、現在のアゼルバイジャンである。その首都バクーは19世紀末以来、石油生産の中心として知られてきた。そして20世紀の初頭にイランの南部で大規模な石油開発が始まった。

ペルシア湾をはさんだアラビア半島側で最初に石油が発見されたのは、ここで論じるバーレーンにおいてであった。第二次世界大戦前の1932年のことであった。早くから石油の開発が始まり、一番最初に石油資源が尽きてしまった。

そこでバーレーンは、1970年代から金融立国を目指した。世界最大の産油国の一つであるサウジアラビアに隣接しており、社会的には同国よりは、ずっと開放的である。地域の金融の中心としての地位を確立する可能性はあった。しかも伝統的にアラブ世界の金融で中心的な存在であったレバノンのベイルートが、内戦の最中にあった。

バーレーンにとってはチャンスだ。加えて1986年にバーレーンとサウジアラビアが橋でつながった。巨額の費用をサウジアラビアが投じて、コーズウェイと呼ばれる架橋が建設された。両国間の往来が容易になった。サウジアラビアの富裕層をひきつける条件が整った。日本の金融業界も多数が進出した。バーレーンはペルシア湾岸の金融業界の中心へと、着実な歩みを進めた……かに見えた。

問題は、クウェートなどの他の産油国も金融立国を目指した点である。その中で一番手ごわかったのは、アラブ首長国連邦のドバイであった。

この首長国の首都のあるアブダビは、豊かな石油資源に恵まれている。だが、そもそも石油資源のないドバイは、全力を挙げてカネとヒトとモノとジョウホウの流れの結節点たらんとして、都市開発を進めた。そしてドバイが金融面でもバーレーンやクウェートを圧倒した。ここでは産油国が脱石油においても厳しい競争関係にあり、勝ち残る国は限られているという事実に注目したい。しかもドバイは産油「国」ですらなかった。そしてバーレーンは「限られた国」ではなかった。

石油資源が枯渇したバーレーンで、やがて民主化を求める抗議行動が起こるようになった。君主制で王族が権力を独占し続けながら、国民に福祉を提供できなければ、そして少なくとも仕事を提供できなければ、体制は不安定化する。2010年から2011年にかけて「アラブの春」という現象が吹き荒れた。アラブ各国で人々が民主化を求める運動であった。チュニジアで始まり、エジプト、リビア、イエメン、シリアなどに、その動きが広がった。

バーレーンでも同じような動きがあった。しかし、民主化はやって来なかった。やって来たのはサウジアラビアの戦車だった。両国間をつなぐ橋を渡って同国の陸軍部隊がバーレーンに送られて、民主化運動を鎮圧した。橋は戦車の重さに耐えられるように設計されていた。それが役に立った。

しかし、民衆の鎮圧に成功はしたものの、バーレーンの情勢が示したのは、産油国で石油が枯渇すれば、そして民主化が進まなければ、情勢が不安定化するという事実であった。バーレーンの場合は、戦車の重みで民主化への希求を抑え込んだだけであった。石油収入が枯渇すれば、戦車が必要になる。その重しを取り除けば、絶対君主制の体制は恐らくもたないだろう。バーレーンの状況が、周辺の君主制の産油国へ送ったメッセージであった。

死んでいるはずのバーレーンの王制というモルモットが、サウジアラビアの力で無理矢理に息をし続けている。

石器時代はなぜ終わったか

バーレーンという子亀が、サウジアラビアという親亀の上に載っている。サウジアラビアという親亀が倒れれば、バーレーンという子亀も倒れるだろう。そしてクウェートやアラブ首長国連邦のような周辺諸国も、その余波は免れないだろう。

サウジアラビアが石油で抱えている問題は、その価格の問題であり、資源の枯渇の懸念ではない。この点においては、バーレーンとサウジアラビアは決定的に異なっているので強調しておきたい。というのは、サウジアラビアには恐らく百年単位で石油の生産を続けるに十分な埋蔵量が存在するからである。サウジアラビアの懸念は、石油資源の枯渇ではなく石油価格の不安定であり、石油経済の終焉である。

もし世界の人々が何らかの理由で石油を使わなくなってしまえば、石油資源は何の価値もなくなってしまう。石炭から石油へ人類にとっての主要なエネルギー源がシフトしたのは、石炭がなくなったからではない。石油の方が使い勝手が良いからである。

石器時代が終わったのは石ころがなくなったからではなく、青銅器や鉄器が登場したからである。という理由から、サウジアラビアは石油価格の過度な上昇は望んでいない。高価格が、代替エネルギーの開発と利用を後押しするからである。

2000年代初めの1バレル100ドルという高価格の時代に、シェール石油が開発されるようになったことを想起されたい。石油価格はサウジアラビアが十分な収入を得られるくらい高く、同時に消費者が石油を見捨てないほど安いのが理想である。百姓は生かさぬよう殺さぬよう搾取する、という江戸幕府の政策と類似している。

いずれにせよ、つまり石油資源の枯渇によるにしろ、あるいは石油利用の終焉によるにしろ、石油からの収入の停止という事態は同じである。

「アラビアの道」が示したもの

サウジアラビアの改革に話に戻そう。皇太子が改革者としてのイメージを勝ち得たのは、サウジアラビア国内での社会改革を実施したからである。たとえば、女性が自動車を運転できるようになった。これまでは、許されていなかった。競技場でのサッカーの試合の女性による観戦も許されるようになった。さらには映画館が次々とオープンしている。１９７０年代以来である。

他の社会では当たり前のことながら、保守的で知られたサウジアラビアでは、革命的な事件である。歴史的な進歩である。そうした表現が大袈裟ならば、少なくとも画期的な展開である。これまで礼拝を強制したり、男女の隔離を徹底したりと「活躍」していたムタワと呼ばれる宗教警察の権限を、皇太子は制限した。若年層では、皇太子は大変な人気だと報道されている。

恐らくは宗教界の反発を実力で抑え込んで、こうした改革を進めているのであろう。こうした皇太子の改革への決意を示すような展覧会が、日本で開かれた。２０１８年１月から５月にかけて、上野の東京国立博物館で開催された『アラビアの道～サウジアラビア王国の至宝』展である。この国の目指す新しい方向を示していて興味深かった。

展示物自体は、古代ペルシア文明の遺品の華やかさや古代エジプト文明の黄金の輝きと比べると、興奮させられるような水準ではなかった。だが展覧会の打ち出しているメッセージが画期的であった。それは、７世紀のイスラム教誕生以前の出土物などが展示されていたからだ。

これまでは、イスラム以前はジャーヘリーヤ（無明）の時代と認識されていた。つまり意味の薄い時代だとみなされてきたわけだ。こうした発想の延長線上に、たとえばアフガニスタンのターリバン政権によるバーミヤンの巨大な石の仏像の爆破があり、ＩＳ（「イスラム国」）によるイラクやシリアでの古代遺跡の破壊があった。イスラム以前の時代が意味のない時代であるならば、そうした遺跡や遺物の破壊になんの問題があろうか。

ところがこの展覧会では、イスラム以前のアラビア半島の文化が紹介されている。サウジアラビアの指導層は、過激なイスラム主義の国家像から決別し、新たなアイデンティティーを打ち出そうとしている。これは、皇太子の新しい路線を反映している。つまり皇太子の改革路線が展示されたわけだ。皇太子の改革への本気度が見えた。

皇太子の改革に欠けているもの

だが、こうした社会面での開放化は、実は皇太子の改革の本丸ではない。本丸は、経済改革である。つまり石油依存体質から脱却し、経済の多様化を目指す。

その意味はなにか。それは、これまでサウジアラビアで存在していた暗黙の社会契約の変更である。つまり前に触れた王族が権力を独占し、国民は政治に口をはさまない。だが同時に国家は国民の生活を保障する。つまり国家が、無料の医療、教育、住宅、電気、ガス、石油などを国民に提供する。税金などという野暮なものも国民は払う必要がない。国民は実質上は働く必要がなかった。国民は働くふりをしていればよかった。すべてが豊富な石油収入で支払われ、本当に働いていたのは出稼ぎの外国人のみであった。ところが石油価格の低迷が、そして人口の増加が、こうした経済体質の維持を難しくしている。皇太子が改革へ乗り出した背景である。そして皇太子の改革は、国民に本当の労働を求めている。

最初の課題は、国民への十分な雇用の提供である。海外からの投資を誘致しての大規模な雇用の創出が語られている。ハイテク企業を誘致し、サウジアラビアを一気に先端産業の基地にしようという壮大な計画が提示されている。しかし実際には、少なくとも現段階までには、そうした投資の流入は起こっていない。後に触れるような外交と内政の舵取りの手荒さも、外国企業を尻込みさせている。

第二の問題は、実際に政府が国民に雇用を提供した時に始まるだろう。つまり国民が働き始めた時にである。というのは、皇太子の改革は、国民の政治参加への道は示していないからである。これで、本当に改革が成功するだろうか。国民に勤労と納税を求めるならば、政治参加も許す必要がある。

しばらくの間は、女性のサッカー観戦や自動車運転で満足するかもしれない。しかしながら、長期的には政治参加の道を開かない限り、やがて国民の不満が爆発するだろう。皇太子の改革に一番欠けているのは、国民の政治参加への道筋である。

脱石油の蜃気楼

18世紀の北アメリカ植民地の、イギリスからの独立運動のスローガンは、「代表なければ課税なし」であった。アメリカの植民地の人々の意見が本国の政治に反映されないのであれば、課税は不当であるという議論であった。サウジアラビアの改革にも同じ議論が当てはまるのではないだろうか。

国民に労働と納税を求めるならば、国民は税金の使い道に口を出す権利があるだろう。政治改革なき経済改革は、根本的な矛盾をはらんでいる。この国の暗黙の社会契約の一方的な変更を迫っている。国民に労働を求めながら、政治参加を許そうとしていない。ムハンマド皇太子の改革に楽観的になれない根拠である。

思い出すのは、1980年代にソ連で進められた改革の試みである。経済の停滞に直面したソ連の指導者のゴルバチョフは、ペレストロイカと名付けられた改革に乗り出した。この改革の失敗の要因は、ソ連における暗黙の社会契約に反していたことであった。その契約とは、政府は給料を払うふりをして実際には購買力のないソ連の通貨のルーブルを国民に与える。国民は働くふりをして実際には働かない。したがって経済は停滞した。

ゴルバチョフの改革は、国民に本当に働くことを求めた。ウオッカを禁止して、労働における規律を求めた。国民には本当に働くように求めながら、政府は依然として価値のないルーブルを払い続けた。これでは国民が働き始めるわけはない。ゴルバチョフは空を切った。直ぐに改革は行き詰まった。そしてペレストロイカという世直しは、ソ連の共産主義体制を崩壊させて終わった。

共産主義のソ連と、絶対王制のサウジアラビアには共通点がある。どちらも国民に本当の意味での政治参加を許さない体制である。もし、それを許せば体制の存続が難しい。先に触れた『アラビアの道』という展覧会は、皇太子の改革への強い決意を示している。同時に、サウジアラビアの新しい道に横たわる大きな困難を示している。脱石油の改革が、蜃気楼上に浮かんでいる。

「苦しい！　息ができない！」

問題は、皇太子の改革には一切の批判が許されていない点である。批判者たちは次々と拘束されたり、消息が不明になったりしている。その一番有名な例が、2018年10月にトルコのイスタンブールにあるサウジアラビア総領事館での、ジャーナリストのジャマール・カショギの殺害である。

サウジアラビアジャーナリストであるカショギは、身に危険を覚えアメリカに亡命して『ワシントン・ポスト』などで執筆を続けていた。もともとはサウジアラビアの体制派とみられていた人物であるが、皇太子の政治の手法への違和感から、母国を離れアメリカに亡命していた。

この事件の黒幕は誰か。トルコとアメリカの諜報機関の提供した情報に基づいて、ムハンマド皇太子の指示によって殺害が行われたと広く報道されている。驚くべき事件である。

だが、同時に驚くべきでないようにも思える。というのは、この皇太子は権力を掌握して以来、政権の手荒な舵取りを繰り返してきたからだ。

国内で、批判者を拘束している事実にはすでに触れた。女性の運転を解禁したものの、これまで女性の権利のために活動してきた人々を拘束した。女性の活動家をである。またシーア派の宗教指導者を処刑した。

さらには、2017年末に多数の王族や企業経営者を首都リヤドの高級ホテルに拘束した。不正な蓄財を追及して多額の資金を政府に供出させた。もし本当に不正な蓄財があったのならば、公開の法廷で裁かれるべきである。突然に監禁してお金を強請《ゆす》り取るような真似は、投資家を不安にするだろう。海外にいた王族でも、体制に批判的だった者が消息不明になったりもしている。皇太子の手は海外にも伸びていた。

殺害されたカショギの最後の言葉は、「苦しい！ 息ができない！」であったと伝えられている。象徴的である。皇太子を批判できないという重い空気が、王国を覆っている。息のできない雰囲気である。

こうした手荒さは、外交にも出ている。2016年にイランと断交し、2017年にはカタールと断交した。両国との関係が悪いからである。しかし関係が悪い時こそ意思疎通を確保するために外交関係が重要である。米ソ冷戦の最中でさえ、両国が外交関係を断絶することがなかったようにである。

そして2017年には、サウジアラビアを訪問中のレバノンの首相が、突然にテレビ・カメラの前で辞任を表明した。実は皇太子に拘束されて、強制されての表明であった。一国の首相を拘束して自国から本国に向けて辞任を表明させるなど、前代未聞であった。

イエメン戦争への介入

そして何にもまして問題なのは、イエメンの戦争への介入である。2015年からサウジアラビアが、イエメンの内戦に軍事的に関与している。この関与にアラブ首長国連邦なども参加している。短期での勝利の目算だったようだが、戦争は今日まで続いている。その過程で、サウジアラビア空軍による誤爆が続発している。病院が、結婚式の会場が、学校が、スクールバスが爆撃された。多数の子供たちを含む数知れない民間人が殺害された。

さらに、イエメンへの食糧の輸入が戦乱によって影響を受けている。そもそも食糧を自給できない貧しい国だけに、混乱が庶民の生活を直撃している。穀物の値上がりで、満足な食事のできない人々が急増した。その結果、多くの子供たちが栄養不良で十分に成長できなくなっている。また数百万人の人々が餓死線上をさまよっている。

イエメンの戦争は、中東ではシリアの混乱と並ぶ悲劇である。この戦争が、イスラムの守護者としてのサウジ王家の正統性を傷つけている。何百万人ものイスラム教徒を飢えさせているのだから。

トランプ・ファミリーの疑惑

このムハンマド皇太子の行状に関して、トランプ政権は見て見ぬふりをしている。アメリカ自身の諜報機関であるCIAが、カショギ殺害の裏で糸を引いていたのは同皇太子だと結論づけているのに、トランプ大統領は「誰が犯行を命じたのかは、わからない」との立場を取っている。

またイエメンの戦争においても、空爆に使われる兵器も爆弾もアメリカ製であるし、目標の設定などにもアメリカ軍の顧問が関与している。さらに爆撃機の整備もアメリカの民間会社が担当している。アメリカの支援なしには戦えない戦争を、サウジアラビアは遂行している。

加えて、トランプのサウジアラビア重視の姿勢をもっとも鮮明にしたのは、2017年5月の同国訪問であった。同年1月に大統領に就任したばかりのトランプにとっての、最初の外国訪問であった。アメリカの大統領就任後の最初の訪問国には、隣国のカナダかメキシコが選ばれるのが慣例である。ところがトランプは、サウジアラビアを選んだ。

これほどまでにトランプがサウジアラビアを大切にするのは、なぜなのか。トランプ自身によれば、まず第一にお金の問題である。サウジアラビアはアメリカから日本円にして12兆円を超える額の兵器の輸入を表明している。それはアメリカの兵器産業での多数の雇用を意味する。

第二に中東戦略のためである。具体的にはアメリカはイランに対して強い圧力を掛け、その政策を変更させようとしている。あわよくば体制の転覆までも視野に入れている。そのための中東における重要な協力者が、サウジアラビアである。この国が大切なわけである。

第三に、アメリカという国家にとっての合理性以外の要因が絡んでいるのではないかとの疑念である。それはトランプの不動産事業に、多額の資金がサウジアラビアから流れ込んでいるからではないかとの推測である。トランプ自身が２０１６年の大統領選挙で、サウジの金持ちが不動産をトランプから購入していると明言している。

また、トランプの娘婿のジャーレド・クシュナーの不動産業にも同様に、多額のサウジアラビアの資金が投下されているのではないかとの疑惑である。こうした個人的な利害が、アメリカのサウジアラビア政策に影響を与えているのであろうか。

2018年のアメリカ中間選挙で、野党の民主党が下院で過半数の議席を獲得した。これによって、下院の各種委員会によるトランプ家とクシュナー家のサウジアラビアとの関係の調査が始まれば、現段階での推測や疑念や懸念の実態が明らかになるだろう。

アメリカを動かすサウジ・マネー

トランプ家やクシュナー家に関する疑惑のみではない。サウジアラビアは、お金の力でアメリカの政策へ影響を与えている。アメリカの首都ワシントン全体が、少し大げさに言えばサウジアラビアがらみの資金の流入でジャブジャブになっている観さえある。

たとえばシンクタンクと呼ばれる研究所の多くが、サウジアラビアからの直接間接の寄付を受けている。それはサウジアラビアの石油会社のアラムコからだったり、あるいは同国への兵器売却で天文学的な売り上げを誇るアメリカの兵器製造企業からだったりである。なるほど、こうした研究所の報告書でサウジアラビアを厳しく批判するものは多くない。

サウジアラビアのロビー活動は、こうした研究機関への寄付行為のみに止まらない。最近、注目されているのは、イランの反体制派組織への資金提供である。「モジャヘディン・ハルク機構」という組織がある。「人民の聖戦士機構」という意味である。ここでは長いのでモジャヘディンとして言及しよう。

モジャヘディンは、欧米で活発な反イランのロビー活動を展開している。筆者自身、ワシントンでの記者会見に出席した経験がある。1990年6月であった。イラン・イラク戦争が1988年夏に終結し、ペルシア湾岸情勢が小休止していた頃である。この休止は、すぐに嵐に取って代わられた。2カ月後の1990年8月にイラク軍がクウェートに侵攻して湾岸危機を引き起こしたからだ。

さて、この記者会見ではモジャヘディンの戦車部隊などの映像による紹介があった。記者の方から、それだけの活動資金は、どこから来ているのかという質問があった。答えは「有力な支援者がいるが、名前は公表できない」だった。

その名前が最近公開された。ヨルダンのメディアが、モジャヘディンを脱退した元財務担当者の証言を伝えている。それによれば、1989年からサウジアラビアがモジャヘディンを財政的に支援してきた。本人自身が、金塊や多数のロレックスの時計をサウジアラビアからイラクのモジャヘディンの基地にトラックで運んだと語っている。金や時計はヨルダンで現金に換えられ、モジャヘディンの海外の口座に預金されたという。

この証言で長年の疑惑が証明された格好だ。

イランの「民主勢力」

資金源は隠されていたが、モジャヘディンという組織は気前の良さで知られてきた。2018年6月にパリで大きな集会を開いたが、東欧にいる多数のシリア難民を集会への参加を条件にパリに無料で招待した。また架空のツイッターアカウントを使って反イラン運動をネット上で大規模に展開していた事実も知られている。

さらに、高い謝礼を支払うことで知られている。イギリスの高級紙『ガーディアン』の報道によれば、現在のトランプ大統領の安全保障問題の補佐官であるジョン・ボルトンは、2017年に4万ドルの報酬を、モジャヘディンの集会での演説の謝礼として受け取っている。それまでも何度も演説しているので、これまでに受け取った総額は18万ドル程度に上るのではないかとも同紙は解説している。演説は、モジャヘディンこそが現在の政権に代わってイランを統治すべき「民主勢力」だという内容であった。

この組織の集会で演説している著名人は、他にルドルフ・ジュリアーニ元ニューヨーク市長がいる。現在のトランプ大統領の顧問弁護士である。そして故ジョン・マケイン上院議員も名を連ねている。2008年の共和党の大統領候補である。

そもそもモジャヘディンは、1960年代にイランで当時の王制に反対する運動として始まった。武装都市ゲリラとして名をはせた。この組織を有名にしたのは、1970年代にイランで働いていたアメリカの軍事顧問の暗殺であった。革命後は、ホメイニ師に従う勢力と激烈な権力闘争を演じた。モジャヘディンは、爆弾テロでホメイニ派の指導層の多くを爆殺した。

しかしながら徹底的な弾圧を受けてイラクに逃れ、サダム・フセインと協力した。この段階で、イランでの大衆レベルでの支持基盤は消失したと考えられる。フセインの手先となってイランと戦ったのだから。そして今は、サウジアラビアに資金援助を受けて反イラン活動の先頭に立っている。

アメリカ市民を暗殺して有名になった組織が、今や対イラン強硬策の応援団長になっている。そしてボルトン補佐官によれば、イラン国民を代表する民主的な勢力である。テロ組織が「民主勢力」になった。サウジのお金の力の成せる業である。

サウジの未来を占う三つの事件

サウジアラビアという国の将来が多難であると論じてきた。その未来は常に過去と現在の延長線上に位置するという視点に立てば、この国の将来を考える際のヒントも過去にあるだろう。つまり歴史である。

サウジ王家の未来を考える際に参考にすべき歴史は何だろう。三つの事件を思い出す。

第一は、1960年代のイエメン内戦である。二つ目は、二代目の国王サウードの廃位である。そして三つ目は、三代目の国王ファイサルの暗殺だ。いずれも、サウジアラビアの現状を踏まえると、示唆に富む事件である。

1962年に北イエメンで軍部によるクーデターが起こり、共和国の樹立が宣言された。伝統的にイマームとして知られてきた君主が追放された。そのイマームは北部のサウジアラビアとの国境地帯に逃れて、反撃を試みた。軍部をエジプトのナセル大統領が、7万の兵力を派遣して支援した。イマームの方には、サウジアラビアなどの王制国家が肩入れをした。内戦は長期戦となり、ナセルのエジプトを疲弊させた。イエメンはエジプトにとってのベトナム戦争だった。これが1967年の第三次中東戦争での、エジプトの敗北の伏線となった。

この戦争を背景にして、1964年にサウジアラビア国内では王族によって二代目の国王が廃位された。サウジアラビアを建国した初代のアブドルアジーズが1953年に世を去ると、その跡を継いだのは、サウード王子だった。しかし、浪費と無能で知られたサウード国王の下では王制が維持できない、と王族の大多数が判断した。その結果の追放劇だった。

三代目の国王となったのは英明の誉れの高かったファイサルであった。そのファイサルが、1973年の第四次中東戦争では石油禁輸という剣を抜いて、オイル・ショックを引き起こした。このファイサルは、1975年に王族の一員に暗殺された。その詳しい動機は不詳だが、その近代化政策への反発であったとも伝えられている。これが第三の事件である。

抑え込まれた宗教界の反応

この三つの事件は、何を示唆しているのだろうか。以下が筆者の拡大解釈である。まずアラブ民族主義の英雄ナセルでさえ、イエメンでは勝てなかった。

イエメンは、アフガニスタンと同じように野心の墓場である。2015年からイエメンに本格的な軍事介入を始めたサウジアラビアとアラブ首長国連邦の皇太子たちが、心に刻むべき教訓だろう。

第二の示唆は何だろう。それはサウジの王族が、無能な指導者の下では体制が生き残れないと判断した時の行動である。王子たちは、国王でさえ廃位した。王族の間で最も有能なファイサルを、王子たちが国王に選んだわけだ。王室の中での民主主義が機能したといえるだろうか。現在のサルマン国王の胸中にも、その記憶がよぎっているだろうか。

第三の示唆は、国王が近親者に暗殺されたという前例である。現皇太子は、部下にカショギ事件の責任を転嫁して生き延びようとしている。しかし、それが治安・軍当局に送るメッセージは何だろうか。この皇太子のために体を張っても、結局は見捨てられる。忠誠を尽くした人物さえ裏切られる、という風に皇太子の周辺が思ったとすればどうだろうか。自分を守るべきボディガードに暗殺される指導者というのが、歴史上は少なくないのを思い出す。

もう一つ気になるのが、1975年のファイサル国王の暗殺の実行犯の動機である。それは、ファイサルの近代化政策への反発だと一部では報道されている。ファイサルの時代には映画館が開かれていた。以後に映画館は閉鎖され、ムハンマド皇太子の改革によって再び許された。同皇太子が、ムタワと呼ばれる宗教警察を抑え込んだ事実にはすでに言及した。しかし、抑え込まれた宗教界の反感は消えてはいないだろう。

また同皇太子が、イスラエルと接近しているのも気にかかる。メッカとメディナに次ぐイスラムの第三の聖地であるエルサレムを占領するイスラエルとの関係改善を、宗教界はいかにとらえるだろうか。国民の中でも宗教心の強い層は、どのような思いだろうか。沈潜した宗教界の反感と、国民の宗教感情の反発が懸念される。

カショギ事件に驚く前に

最後に、サウジアラビアの反体制派ジャーナリストであるジャマール・カショギの殺害の件に戻りたい。この事件で筆者が最も驚いたのは、その殺害の残虐性ではない。何に驚いたのか、それは、その残虐性に日本人が驚いた点である。というのは、この皇太子の乱暴ぶりは、この事件の前から広く知られていたからだ。

ところが日本のメディアは、なぜか皇太子の乱行に関しては、ほとんど報道してこなかった。特にイエメンの悲劇に関しては、まったくと言っていいほど報道していない。これほどの悲劇が、無視されている。シリアの内戦に関しては、それなりの量の報道があったのとは好対照であった。考えてみると不思議な現象である。

というのは、シリアの内戦がどう転ぼうが、日本の国益への影響は限られているからだ。しかしイエメンの戦争は違う。サウジアラビアやアラブ首長国連邦がかかわっているからである。この二つの国が日本への第一位と第二位の石油供給国である。日本にとって死活的に大切な両国である。この両国が関与している戦争は日本にとっても関心事項であるべきだ。ところが日本のメディアは無視しているのである。

もし、この戦争の悲惨な実情が広く伝えられていたとしたら、カショギの殺害は、これほどまでの「驚き」を生まなかっただろう。あれほど悲惨な爆撃を命じている人物ならば、さもありなんとの反応だったのではないだろうか。

2018年10月にカショギの殺害事件の後に開かれたサウジアラビアでの経済会議に関して、日本の経営者の何人かは直前になって出席を取りやめたり、講演を中止したりなどした。もう少し日ごろから、まともな中東情報に触れていたならば、ムハンマド皇太子という人物を、もう少し冷静な目で見ることができたであろう。

まともなメディアを持っていないのは、国民にとっても企業の経営者にとっても、誠に不幸である。日本人はカショギ事件に驚く前に、自国のメディアの実態について驚くべきだろう。

コラム③

イランとサウジアラビアの対立は宗派対立なのか

イランとサウジの争いを、あるいは中東で起きている紛争を説明する際、スンニー派とシーア派の宗派対立であると説明されることが多い。それは事実なのだろうか。まずはスンニー派とシーア派の違いについて、簡単に説明する。イスラム教は世界に広がる過程で、いくつもの宗派に分かれてきた。信徒の数が一番多いのがスンニー派、次に多いのがシーア派である。国家としてはたとえばサウジアラビアはスンニー派、イランはシーア派だ。

イスラム教がスンニー派とシーア派とに分かれたのは、後継者問題による。イスラム教を創始したムハンマドが死ぬと、後継の指導者にアブーバクルという人がなった。その次にオマル、その次がオスマンという人が指導者になった。そしてムハンマドから数えて4代目の後継者に、ムハンマドの従兄弟で娘婿のアリーという人物が選ばれた。この流れを認める人々がスンニー派だ。しかしイスラム教徒の一部は、アリーだけがムハンマドの後継者だと考えた。このアリーを支持する人たちがシーア派である。

こうしてムハンマドの後継者が誰か、という問題で2派に分かれたわけだ。しかし、スンニー派もシーア派も、教義の上では大きな差はない。だいたい、もともとが御家騒動なのだ。

イスラム世界の信徒分布で見ると、スンニー派が9割を占めている。ほとんどのイスラム教国家では、スンニー派が多数派であり、なおかつ政権を掌握している。残りの1割がシーア派だ。シーア派が多数派のイスラム教国家は、イラン、イラク、バーレーンなどに限られる。

しかもこの中で、シーア派が多数派であり、かつ政権を掌握しているのは、イランただ一カ国であった。その他の二つの国では、シーア派が多数派であっても、政権は少数派のスンニー派が握っていたのだ。しかしフセインが倒れたあとには、イラクでもシーア派が政権を握った。

さて、マスコミで中東の紛争が語られる際、決まってこの宗派対立がクローズアップされる。しかし、スンニー派とシーア派は日常的に対立しているというわけではない。たとえば、サダム・フセインに支配されていた時代のイラクでは、首都のバグダッドなどでは、スンニー派とシーア派の間で結婚する事例が多く見られた。必ずしも、根本的に対立する構造があったわけではない。

中東における紛争の原因は権力争い、つまり利権争いなのだ。スンニー派もシーア派も、神学上の争いで憎悪しあっているというよりも、国家の利権や地域の覇権を、どちらのグループが握るかで争ってきた。それを宗派対立と呼ぶのは、表層的な理解というべきだろう。

サウジアラビアとイランが争っているのも、地域に2つの大国があれば、覇権をめぐって争うのが歴史の常であるのと同じだ。ちょうどロシアとアメリカが対立してきたことと似ている。冷戦時代には、共産主義のソ連と資本主義のアメリカが、イデオロギーの違いで対立しているかと思われた。しかし、冷戦が終息してソ連がロシアになり、資本主義になったのに、ロシアとアメリカは対立をしているではないか。

結局、大きな国同士が覇権をめぐって争う構図は変わらない。イデオロギー対立も、宗派対立も、地政学的な利害という根本的な対立軸を装飾しているに過ぎないのである。

中東問題を理解するには、他の地域と同様に、地政学や国家の利害を第一に押さえておかねばならない。日本での中東の解説は宗教過多なので、わかったようで実はかえってわからなくなる。宗教は大切だが、中東は宗教だけで考えてはいけない。

第5章　アメリカ政治の新しい潮流

史上最年少の議員

最終章では、アメリカ社会の変化が生みだした中東情勢への影響を考えよう。主なポイントはアメリカとイスラエルとの関係、そして対イランと対サウジアラビア政策である。

2018年11月のアメリカ中間選挙では、民主党が下院を制した。そして、その選挙の詳細を見ると、これまでとは違った動きが視界に入ってくる。民主・共和の両党とも、女性、マイノリティーの候補者が数多く勝利を収めている。この結果、上下両院を合わせて127名の女性が連邦議員となった。過去最多である。

こうした議員の中で今、一番「旬」な政治家を挙げるとすれば、議論の余地なくアレクサンドリア・オカシオ・コルテスだろう。プエルトリコ系のアレクサンドリアは、今回の中間選挙で連邦下院議員に当選し、29歳で史上最年少の議員に就任した。ニューヨークのクイーンズ区やブロンクス区を選挙区としている。

アレクサンドリアは、進歩的な政策を訴えてリベラル派からは喝采《かっさい》を受けている。逆に保守派からは罵倒の対象とされている。就任したばかりの1年生議員としては異常な程の注目度である。

アレクサンドリアが重視している政策は、国民皆保険であり、州立大学の授業料の無料化であり、移民受け入れ制限の緩和であり、最低賃金の引き上げである。さらに再生可能エネルギーの開発や環境保全などへの本腰を入れての取り組みである。これは「グリーン・ニューディール」として知られる。いずれも進歩的な左翼的な色彩の政策提案である。言葉を換えるならば、民主社会主義的な方向を指し示している。社会主義という言葉が長い間にわたってタブー視されてきたアメリカでは、これは新たな潮流である。

サンダースの起こした「革命」

この潮流が生まれた背景には、バーニー・サンダース上院議員の影響がある。サンダースは、バーモント州のバーリントン市長から下院そして上院の議員へと歩んできた。そして2016年の大統領選挙では、民主党の予備選挙でヒラリー・クリントン候補と最後まで争った人物である。その大統領選で、サンダースは次のような主張であった。

アメリカでは、どんどん中産階級が没落している。今のアメリカで良い思いをしているのは、所得の上位の1％の、そのまた1％だ。たとえば、アメリカで最大のスーパーマーケット・チェーンのウオールマートを所有しているウォルトン家の保有する資産が、アメリカの下位の43％の人が持っている富と同じである。アメリカの総人口が3億2000万人なので、実数にすると1億3000万人分になる。一家族の富が、日本の総人口1億2000万人よりも多くの人々の富の総和よりも大きいことになる。

しかもアメリカの選挙では、実質的にはいくらでも寄付ができる。すると、金持ちから金をもらって「金持ちの税金を下げろ」と主張する政治家が選挙に勝ちやすい。そして、また金持ちの税金が下

2018年7月、演説会に登場したバーニー・サンダース氏とアレクサンドリア・オカシオコルテス氏（写真：朝日新聞社）

がる。するとまた金持ちが、その政治家に寄付をする。こうして大金持ちはどんどんと大金持ちになって、中産階級はどんどん没落する。これって変だろう、とサンダースは主張した。

中間層の没落をよく示しているのが、大学への進学である。今は大学に行く費用が工面できなくて、借金をして大学に行く人も多い。22歳とか23歳で借金を背負って、社会人生活をスタートさせる。マイナスからのスタートである。思い通りの収入が得られなくて、ローンの返済に苦労する若者が多い。また子息のローンの保証人となって、その支払いに追われ引退できない高齢者層も少なくない。

これって変だろう。というのが、サンダースのメッセージだった。ヨーロッパに行って見ろ。多くの大学では、授業料を取っていない。ヨーロッパで可能なのに、なぜアメリカでは不可能なのか。アメリカでも州立大学などの授業料を無料にするべきだ、と訴えた。

そして、自ら「自分は民主社会主義者だ」と名乗っている。それが、特に、若い人の「不満の受け皿」になった。サンダースは、ヒラリー・クリントンの指名がほぼ確実になった段階でも選挙キャンペーンを止めなかった。最後まで選挙運動を続けた。それは、自分の支持基盤が無視できないほど大きいと証明することによって、民主党の公約に、その考えをできるだけ反映させたかったからだ。

また、自分と同じような考えを持つ人物が議員として当選できるよう、その種を蒔くという狙いもあった。2016年には民主党の大統領候補指名には敗れたわけだが、それでサンダースの闘いが終わったわけではない。サンダース流の「革命」のための第一歩に過ぎなかった。そして、その種が芽を出し始めた。それが、少しずつ花開いているわけだ。

社会主義と言う言葉にアレルギー反応を示していたアメリカ国民の変化は、ひどくなる格差への反発だろう。景気は良く失業率は下がっているのに、賃金が上がらないという現実への反動だろう。金持ちが無限とも思える政治献金で、政治家を買収して金持ちへの減税を続けるシステムへの反発だろう。サンダースの革命が、格差の拡大を許容し助長してきた民主党と共和党の特権階級を脅している。

ガザの「虐殺」

話をアレクサンドリアに戻そう。アレクサンドリアはどのような中東観を持っているのだろうか。もちろん選挙は外交を争点にしていたわけではない。しかしながら、この人物はパレスチナのガザ地区の状況に関して、これは「虐殺」だとツイッターで明確に述べている。

ガザ地区の位置

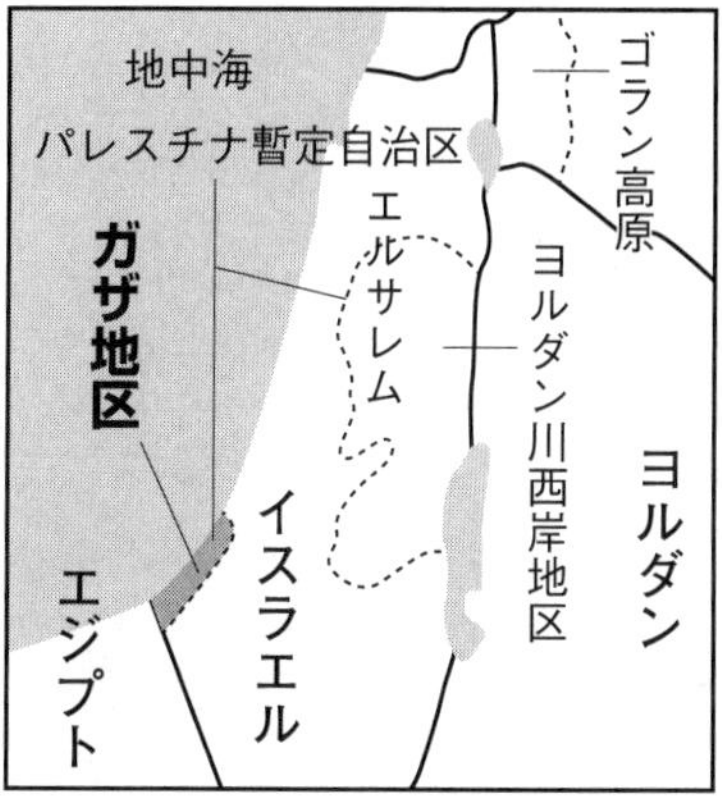

パレスチナのガザ地区では、18年5月以来イスラエルとの境界にパレスチナ人が集まって抗議行動を展開している。直接の引き金は、トランプ大統領が決断した5月のアメリカの在イスラエル大使館のエルサレムへの移転であった。イスラエル側は、ガザを支配するハマスのテロリストが、デモを隠れ蓑にして侵入をはかっているとして

狙撃兵を配置して待ち構えている。これまでに医療関係者を含めて2019年8月までに207人が殺害されている。負傷者の数は1万3000人を超えている。その中には子供、女性、ジャーナリストが含まれている。

撃たれるのがわかっているのに、なぜガザの人々は抗議行動を続けるのだろうか。現在ガザには200万人のパレスチナ人が生きている。その面積は365平方キロメートルである。東京23区の面積が619平方キロメートルだから、その6割程度である。

2007年以来、ガザはイスラエルとエジプトによって封鎖されている。そして人と物の出入りが厳しく制限されている。「世界最大の監獄」と呼ばれているような状況だ。そのため産業も振るわず失業が蔓延している。しかも段々と地下水脈に海水が浸透して、ガザの水の97%は飲料に適さなくなっている。その上、電気も一日6時間ほどしか流れていない。中東の厳しい夏を、一日の大半はエアコンなしで過ごさざるを得ない状況である。封鎖はガザの人々を、静かに真綿で首を絞めるように絶望へと追いやっている。

撃たれても殺されても傷つけられても人々がデモを続けるのは、何もしなくても、ゆっくり殺されているからである。こうしたガザでのデモへのイスラエルの対応を、アレクサンドリアは「虐殺」と呼んで批判した。しかも議員に就任してからアレクサンドリアは、イスラエルに対するアメリカの援助の停止を訴え始めた。

アメリカ・ユダヤ人社会の変化

ニューヨークと言えば、ユダヤ人の英語の発音である「ジュー」をもじって「ジューヨーク」と呼ばれるほど、ユダヤ人が多いとされてきた。これまでなら、そのニューヨークの政治家がイスラエルに批判的であるというのは、ある意味では自殺行為であった。ところが、この「自殺行為」にもかかわらず、アレクサンドリアはニューヨークの選挙で勝利を収めた。なぜだろうか。二つの要因が指摘できる。第一はアレクサンドリアの選挙区のエスニック構成の変化である。過半数が最近の移民であり、ユダヤ人は余り残っていない。経済的に成功し豊かになったユダヤ人たちは、他の豊かな人々の住む地域へ流出した。ブロンクスやクイーンズではユダヤ人が激減している。

第二に、ユダヤ人のコミュニティの対イスラエル観の変化である。伝統的には、アメリカのユダヤ人社会は何が何でもイスラエルを支持してきていた。その生存を支持するのが在米ユダヤ人の義務であり、イスラエル批判は他の人々に任せておけばよい。もしアメリカのユダヤ人がイスラエルを批判すれば、ユダヤ人が批判するほど酷いと敵に宣伝材料を与えるようなものである。安全なニューヨークで豊かな生活を享受しているユダヤ人が、高い税金を払い徴兵義務に耐え、敵に囲まれながらテロと戦うイスラエルの同胞を批判するのは許されない。そうした雰囲気があった。イスラエル批判はタブーであった。

ところが、最近ではイスラエルを支持するがゆえに、その問題点を批判すべきだとの考え方のユダヤ人も増えてきた。何が変化をもたらしたのか。一つには、イスラエルによる占領地でのパレスチナ人の抑圧の実態が、広く知られるようになってきたからだろう。

そして世代の変化もある。ナチスによるユダヤ人虐殺を、同時代の体験として共有している層が世を去りつつある。欧州の同胞を救えなかったという罪悪感を抱く層は、少なくなりつつある。

イスラエルを支持しながらも批判する、というユダヤ人が若い層で増えている。アレクサンドリアが、イスラエルを批判したにもかかわらず当選できた背景である。この一番旬な政治家のイスラエル批判と成功は、変わるアメリカのユダヤ人のイスラエル観を映し出している。

イスラエルを批判するユダヤロビー

そうした、アメリカのユダヤ人の変化を象徴する団体が、Jストリートである。2008年4月に発足したJストリートは、イスラエル支持をうたいながらも、イスラエルの占領政策に批判的である。この団体が求めているのは、アメリカの積極的関与による中東和平の実現である。パレスチナ国家の樹立による問題の収拾である。

具体的には、1967年の第三次中東戦争前の境界線までイスラエルが撤退し、ガザ地区とヨルダン川西岸地区でのパレスチナ国家の樹立（二国家解決案）である。

この案では、エルサレムはイスラエルとパレスチナの共通の首都となる。これは、ビル・クリントン大統領やバラク・オバマ大統領が描いた和平案と一致する。オバマ政権は、Ｊストリートと中東和平への立場を共有していた。

２００８年にＪストリートが行ったアンケートによれば、ユダヤ系市民の72％が二国家解決案をアメリカの安全保障上の利益だと考えている。また、60％がイスラエルの占領地への入植に反対している。こうした数字が、Ｊストリートの主張を裏付けている。

これまでアメリカのユダヤ人組織の大半は、イスラエル政府がどのような政策を採ろうが、無条件で支持してきた。ところがＪストリートは、イスラエルの政策を公然と批判しつつ、しかもイスラエル支持を強調している。この団体の新しさである。

Ｊストリートによれば、既存のアメリカの親イスラエル団体は、イスラエル政府の立場を無批判に支持するあまり、イスラエルの真の国益に反してきた。イスラエルを愛するのであれば、イスラエルを批判すべきである。真の愛は、時には厳しさを伴うべきである。アメリカのユダヤ人の大半は、イスラエルに批判的であるにもかかわらず、既存のユダヤ人組織は、そうした声を吸い上げてこなかったと主張している。

既存のユダヤ人組織の問題は、ユダヤ系市民の意見を吸い上げていないばかりではない。イスラエルへの関心の低下を見逃している。若い層になればなるほど、イスラエルとは距離を置き始めている。多くの若いユダヤ系市民にとっての政治的な最大の関心事は、経済であり教育であり医療保険である。これは、イスラエルに賛成とか反対とかの以前の問題である。もしイスラエルに興味を持たなければ話にもならない。ホロコーストを同時代の記憶として意識している層は、世を去りつつある。既存のユダヤ組織は、若いユダヤ人の支持を失いつつある。

こうしたJストリートの動きに対しては、既存の親イスラエル団体からの、そしてイスラエルのタカ派からの激しい反発が起こっている。要するに、イスラエルのために何がベストなのかを、アメリカのユダヤ人の方が、当事者のイスラエル政府よりもよく分かっている、というのがJストリートの主張である。これは、途方もない傲慢な立場だとの反発である。

Jストリートと対比される既存のユダヤ組織の代表格は、エイパック（AIPAC＝THE AMERICAN ISRAEL PUBLIC AFFAIRS COMMITTEE アメリカ・イスラエル公共問題委員会）である。エイパックは、反イスラエル的とみなす議員の選挙区に刺客候補を送り込むなどの手法で、イスラエルに批判的な政治家の言動を封殺してきた。年間予算はおよそ6000万ドルで、Jストリートのおよそ20倍である。力の差は歴然としている。

問題は将来である。今後Jストリートがどのくらいのスピードで、どのくらいの影響力を持つようになるのだろうか。

Jストリートのロゴは、英語の名前の横に右肩上がりの矢印が付いている。この矢印のように力を伸ばせるだろうか。それが今後のアメリカの中東政策を占う判断材料のひとつとなろう。

パレスチナ系議員の誕生

2018年11月の中間選挙では、Jストリートから財政的な支援を受けて、初めての女性イスラム教徒の連邦下院議員が誕生している。

2018年8月のミシガン州第13区での民主党の予備選挙で、イスラム教徒の女性のラシダ・トリープが勝利を収めた。この第13区は、自動車の町デトロイトの一部などを含み、人口の7割がアフリカ系である。圧倒的に民主党が強い。それゆえ、民主党の候補者指名を受けた段階で、トリープの議員への当選が決まったようなものであった。これまで2人のイスラム教徒が連邦下院議員に当選している。しかし、女性のイスラム教徒の議員は初めてである。

このトリープには、もう一つの初めてが付く。それは初めてのパレスチナ系の連邦議員である。トリープの両親はヨルダン川西岸地区からの移民である。このミシガン州は、伝統的にアラブ系の移民が多いことで知られている。

ミシガン州とアラブ系移民の関係で大きな役割を果たしたのは、自動車産業である。20世紀の初めに自動車の大量生産を始めたフォード社が、当時としては破格の高給で自動車の組み立て労働者を雇った。日給が2ドル台の時代に、5ドル支払ったのである。1914年のことである。その噂が中東に伝わり、多数の移民を引き寄せた。

さてトリープの政策は、どのようなものになるだろうか。イスラエルに厳しい政策に賛同するのではないかとの懸念が、ユダヤ系の人々の間ですでに抱かれているようである。この点に関してまず第一に認識すべきは、地方選挙の最大の争点は通常は地方の問題である。それは、経済であり教育であり健康保険であり福祉である。トリーブも別に独自の中東政策を訴えて当選したわけではない。選挙区の住民の7割がアフリカ系であれば、なおさらそうである。とはいえパレスチナ系であるだけに、中東問題へは人並み以上の興味を抱いているだろう。

サンダースの政策は危険か

バーニー・サンダースはユダヤ人だが、イスラエルの政策に批判的である。たとえば2016年のヒラリー・クリントンとの討論会で次のような内容の発言が記録されている。2014年のイスラエルのガザ攻撃に関してである。

「イスラエルには、テロ攻撃に対して自衛しテロリストを壊滅させる権利がある。ただ、ガザに対してはやり過ぎだ。あの狭い地域で、1万人の市民が負傷した。1500人が殺された。敬意をもってパレスチナ人を扱わないかぎり、パレスチナ人が尊厳を持って生活できるようにならない限り、イスラエルにとっても、究極的な平和はありえない」

ごくまっとうな発言である。しかし、こうしたまっとうな発言を、アメリカ大統領選挙の過程で有力な候補者が口にすることは、それまでなかった。ある意味でアメリカのユダヤ人のイスラエル観の変化を象徴する重要な場面だった。そして、そうした流れを汲む議員たちが、2018年の中間選挙では民主党の候補として当選を果たした。

トランプ大統領は、主に白人労働者の不満の受け皿になった。そして、この層の熱狂的な支持を受けている。それに対抗するサンダースのような別の受け皿も、アメリカの中で育っている。こうした動きに対して、メディアはどんな反応を見せているだろうか。

一例をあげよう。イギリスの高級紙『フィナンシアル・タイムズ』紙が、民主党にとって「危険」だと警告している。同紙によれば、2016年の大統領選挙では民主党は勝っていた。事実、総投票数ではクリントン候補がトランプ候補を上回っていた。にもかかわらず、アメリカの大統領選挙制度の選挙人制度という特異性がトランプに勝利をもたらした。

であるならば、民主党は変わる必要はない。これまで通りでも勝てる。求められるのは、より巧みな選挙戦術である。余りに左に寄ると、一番多くの有権者のいる中間層を失うリスクを冒すことになる。といった論調である。金持ちの読む新聞らしい論調である。これが本当に危険なのかどうか、アメリカ社会の民意がどこにあるのか、それは2020年の大統領選挙が教えてくれるはずだ。

アイスクリーム屋の熱い闘い

アメリカ社会の変化、特にイスラエル批判を恐れない人々が増えてきたことは、すでに中東情勢に影響を及ぼしている。象徴的なのが、第3章で触れたイランの核合意をめぐる動きだ。オバマ大統領が、苦心の末にイランとの核合意にめどを付けたことはすでに述べた。

オバマ政権の認識は、「一発の弾丸を撃つこともなくイランの核武装を外交によって阻止した」というものであった。問題はアメリカ議会の反対である。そもそも議会は交渉自体に消極的であった。議会を説得するためにオバマ政権は、交渉が成立した場合には、その内容を議会に審議させると約束していた。議会の過半数は、イランとの合意に反対であった。したがって議会は合意に反対する法案の可決が可能であった。もし、そうなればイランとの合意は潰れるのであろうか。

アメリカ国内政治は複雑である。たとえ議会が可決した法案でも大統領が署名しなければ、法案は法案に留まり法にはならない。この署名拒否を大統領の拒否権と呼ぶ。オバマ大統領は、拒否権の行使を明言していた。となればオバマ政権は議会の反対を恐れる必要はなかったのだろうか。それが、あったのだ。

というのはアメリカの政治は、さらに複雑だからだ。議会が可決した法案に大統領が署名して、通常は法案が法律に変わる。すでに述べた通りである。しかし、仮に大統領が法案への署名を拒否しても、それで話が終わらない場合もある。というのは、大統領が署名を拒否した法案を議会が再度三分の二以上の賛成で可決すると、法律になる。つまり議会は時として大統領の拒否権を乗り越える力を持つのである。この三分の二以上の多数を、スーパー・マジョリティーと呼ぶ場合がある。

という事は、このスーパー・マジョリティーの成立を阻止するには、三分の一以上の議員の核合意への賛成を取り付ければ良い。オバマ政権と議会の反対派の、激しい綱引きが始まった。

議会の動向を考える上でのポイントの一つは、イスラエルの意向である。イスラエルのネタニヤフ首相は、この合意を「歴史的な誤り」と呼んで批判した。アメリカの議員に合意に反対の投票をするように求めた。

これまでは、イスラエル政府の呼びかけに対して、アメリカのユダヤ人社会は一致団結して支持するのが普通であった。アメリカのユダヤ系市民の人口は数百万に過ぎず、総人口3億2000万人以上のアメリカの2%以下である。しかし、その資金力やメディアなどでの影響力の強さもあって、人口比以上の重みを時には発揮してきた。アメリカのユダヤ人社会は、イスラエルにとっては心強い応援団である。

ところが、この時は様子が違った。合意の拒否は戦争につながりかねない、とユダヤ人の間でオバマ外交を支持する声が高かった。そうした議論の先頭に立ったのが、「ベン&ジェリーズ」というブランドで知られているアイスクリーム企業の創設者である。

ベン&ジェリーズというアイスクリーム会社の歴史は、1978年にアメリカ東北部バーモント州のバーリントン市で始まった。その後、急成長しアメリカで第三位のアイスクリーム会社となった。2018年8月現在で、日本を含め世界30カ国以上で575店舗を展開している。

創設者のベン・コーエンとジェリー・グリーンフィールドは、どちらもユダヤ系である。二人は、リベラルな組織ムーブオン・オルグを通じて呼びかけを行った。その結果、その会員のうちの2万5000名以上が核合意に反対した議員には寄付を行わないとの誓約に署名した。

こうした動きも受けて、合意支持派が票を伸ばした。そして、支持が三分の一を超えた時点で勝負がついた。投票そのものが行われなかった。アメリカ議会の反対派は、核合意の成立を阻止できなかった。それはアメリカの合意承認を意味する。アイスクリーム屋の熱い闘いの勝利でもあった。オバマにとっても大きな政治的な勝利となった。

アイスクリーム屋の二人の働きが象徴したのは、アメリカのユダヤ社会の新しい流れであった。つまり、イスラエルの将来を本当に思うのであれば、それは盲目的な支持ではなく、批判的な姿勢が時には必要であるとの考え方である。ベン&ジェリーズのアイスクリームが生まれたバーモント州が、バーニー・サンダースの本拠地であることも興味深い。

新しい潮流と中東政策

この新しい流れを反映して、民主党内ではイスラエルの占領政策への批判的な論調が高まっている。かつてはイスラエルへの支持は民主・共和両党に共有されていた。アメリカ政治のコンセンサスであった。が、それが崩れつつある。

イスラエルの強硬派を共和党が支持し、同国のハト派を民主党が支持するという新たな構造が生まれつつある。もちろんイスラエルの生存自体に反対する声は大きくない。しかしアメリカの大学のキャンパスで広がるBDSなど、イスラエルの占領政策に対する批判の声は高まることはあっても、収まることはないだろう。

このBDSというのはボイコット・ダイベスト・サンクションズの略である。つまりイスラエルをボイコットし、資本を引き揚げ、経済制裁の対象にして、イスラエルの占領政策を終わらせようという運動である。

かつて南アフリカのアパルトヘイト（人種隔離政策）を終わらせるのに、世界的なBDSキャンペーンが効果を発揮した。その経験を踏まえて今度はイスラエルを対象にした運動が世界的に広がっている。アメリカの場合は、大学が運用する基金をイスラエル関連の企業に投資しないなどの運動が、学生たちによって広げられている。新しい潮流はアメリカをイスラエルに対して批判的にしていくだろう。

さらに、２０２０年の大統領選挙に立候補を表明した政治家の内の何人かは、当選すればイランとの核合意に復帰すると表明している。ということは、この新しい潮流はアメリカの対イラン政策をオバマ期のような対話路線に引き戻すだろう。

逆に、イランと対立するサウジアラビアに関しては厳しい対応が予想される。すでに民主党が多数派となった議会では、カショギ暗殺事件の真相を求める調査活動の活発化が予想される。さらに前に述べたようにサウジアラビアの資金のトランプ家ならびにクシュナー家のビジネスへの流入についても議会の調査が行われるだろう。こうして見ると、新しい潮流はイランにはプラスとなるだろう。そしてサウジアラビアには、脅威となろう。

　そもそもアメリカでは、イスラムの過激化に関して二つの理解が対立している。一つは、その源泉はイランにあるとするものである。イランこそが国際テロのスポンサーである。経済制裁によって、現体制を締め上げ、その行動を変えさせるべきである。そして、一部には軍事力によってでも、イランのイスラム体制を転覆させようという考えである。トランプ大統領の安全保障問題補佐官のボルトンなどに代表される認識である。

　これと対立する認識は、サウジアラビアこそがテロの源泉であると見ている。その極端に厳格なイスラム解釈が１９７０年代より世界に輸出された。この国が、石油収入によってイスラム世界に多くのモスクやマドラサ（神学校）を建設したからである。世界のイスラムのサウジ化が、テロリストの温床となった。その証拠にビンラーディンはサウジアラビア出身だ。アメリカ同時多発テロの実行犯の大半は、この国の市民だった。

　このサウジアラビアこそが、問題である。こうした認識はオバマ大統領自身によっても抱かれていた。オバマは少年時代の４年間をインドネシアで過ごしている。大統領になってからインドネシアを訪れたオバマは、イスラムの厳格化に驚いている。アメリカの新しい潮流は、このオバマ期の解釈へとアメリカを引き戻す力となるだろう。つまり世界のテロの根源は、サウジアラビアのワッハーブ派であるとの認識である。

さて、広がる格差への反発が、論じてきたようにアメリカ政治に新しい潮流を生みだしてきた。それでは、日本でも格差が広がっているのに、こうしたアメリカのような新しい潮流が目立たないのは、なぜだろうか。ひとつには、日米では格差のレベルが違う。格差が広がりつつあるとはいえ、日本には国民皆保険制度がある。また高所得層に対する税率も高い。

もう一つ指摘すれば、市民運動の歴史である。こうしたアレクサンドリアやトリーブの運動を支えたのは、草の根の市民組織である。日本では市民運動の伝統が、まだまだ浅い。日本でも草の根がより広く深く伸びた時に、それが足元から政治変動を引き起こす力となるだろう。

日本と中東の今後

最後に、日本とアメリカ、中東との関係についても触れておきたい。日本の安全保障にとって都合が良いのは、アメリカが中国や北朝鮮を牽制してくれることだ。そう考えると、アメリカが中東に関わり過ぎて、アジアに目が向かなくなることは避けたい。

たとえば、前に紹介したようにシリアが化学兵器を使ったとされた時、オバマはシリアを爆撃しなかった。それによって、アメリカに対する信頼度が下がったと言われた。しかし日本にとってはアメリカがシリアの戦争に加わって足を取られるより、主力をアジアに置いておいた方が中国を牽制できるので、それでよかったのではないかという見方もできる。

また別の見方として、たとえばアメリカがサウジアラビアなどと共にイランを熱心に叩き続けると、結果としてイランは行き場がなくなり、中国との関係を強めようとするだろう。結果としてイランが中国に抱き込まれる可能性がある。そのためイランを叩き過ぎるのは、日本の安全保障を考えてもあまり良いものではないだろう。

石油を輸入してきたイランとの付き合い方は重要だ。トランプ政権がイランに圧力をかけ続けているが、日本は単にアメリカに追従するのではなく、間に入ってアメリカを説得するくらいの役割を果たすべきではないだろうか。日本はそのパイプ役になるべきだろう。

それでは、イランと対立するサウジアラビアとの関係はどうだろう。カショギ事件を始め、サウジアラビアの皇太子の行っている行動には、国際社会から批判が上がっている。しかし政府としては、やはり石油を輸入しているという立場があるので、はっきりとした態度を取ることは難しいだろう。

ただし、日本のメディアは政府とは立場が違う。メディアまで石油の輸入に忖度して、サウジアラビア政府に問題があっても何も書かないというのはおかしなことではないだろうか。

また日本は、中東で石油をめぐって中国と競争していかなければならない立場でもある。しかし、いつも競争相手とばかりは限らない。競争ばかりしていると、足元を見られて資源を高く買わされることになる。そのような意味では、中国と協力して、うまくやって行く方向性を考えるという選択肢があってもいい。実際、石油備蓄については日本が中国に技術協力するなどの実績もある。

日本人が中東で築いた財産

大切にしたいのは、中東の人たちが一般的に日本を信頼していることだ。歴史的には、欧米は中東を植民地にしたり戦争を起こしたりなど手を汚してきたが、日本はそのようなことはしていない。また、原爆が投下されて廃墟になった広島と長崎のことが広く知られている。筆者がヨルダンで目にした中東の地球儀には、日本の場所に、東京と大阪が記されていた。そこまではわかるが、その他に記されている都市名は、名古屋でも福岡でもなく、広島と長崎であった。

中東の人々にとって日本は、戦争で敗れたものの、そこから立ち直ってハイテク国家となったモデルでもある。電化製品や自動車を始め、日本は優れた製品で中東の人々の心をとらえてきた。中東に進出した日本企業が誠実な仕事をしていたのを見ている。たとえばイラクでは、サダム・フセイン時代に日本企業が建設した病院が今でも使われているなど、日本人の仕事は信頼されている。

中東の人が日本人を騙すことはあっても、日本人に騙されることはないと考えている節がある。次のような話がある。サダム・フセインが倒れた後、新しいイラク政府は、南部の石油利権をオランダ＝イギリス系のロイヤル・ダッチ・シェル社に与えた。しかしイラク政府は、欧米系のシェル社だけに任せるのは不安なので、同時に日本企業にも入ってほしいと要請した。それにより某日本企業が南部の石油開発に参画することになった。

日本人側にはあまりその意識がないと思うが、NGO、企業、政府などが、これまで誠実に延々と積み上げてきた信用がある。それは外交を行う上で財産になる。その姿勢を今後も続けていくべきではないか。「日本人は騙さない」という評判という善意のインフラをベースにした外交を展開したいものだ。

コラム④

バーニー・サンダース上院議員のルーツ

バーニー・サンダース上院議員に興味を抱いたので、その出身高校と選挙区を訪ねた。高校は、「普通」の公立高校である。ニューヨーク市ブルックリン区のジェームズ・マディソン高校だ。この高校出身の、もう一人の有名な政治家を挙げるとチャック・シューマー（1950〜）がいる。ニューヨーク州選出の上院議員で民主党である。シューマーは2016年に上院の民主党の院内総務に就任している。このポストは民主党の上院議員のまとめ役である。この重要なポストにユダヤ系で就任したのはシューマーが初めてである。

科学の分野ではノーベル賞の受賞者が4人もいる。しかし、こうした著名人の中でも一番有名なのはシンガーソング・ライターで多くのヒット曲を出したキャロル・キング（1942年〜）だろう。ただキングは、2016年の民主党の大統領候補者の指名を争う予備選挙では、同窓生のバーニー・サンダースではなく、同性のヒラリー・クリントンを応援したのだが。女性の卒業生といえば連邦最高裁判事のルース・ベーダ・ギンスバーグがいる。80代にしてかくしゃくとしている。

なぜ、このジェームズ・マディソン高校が優秀な人材を輩出しているのだろうか。

この高校のあるブルックリンは、アメリカにたどり着いた貧しい移民が、まず居を構えた地域でもあった。19世紀末にロシア帝国下の迫害を逃れた多くのユダヤ人たちが、ブルックリンにたどり着いた。貧しいけれども勉強熱心で知られるユダヤ人の子弟の教育を担ったのが、ブルックリンの公立高校であった。

そうした学校の一つであるジェームズ・マディソン高校を経て、多くのユダヤ人が世に出た。サンダース上院議員のように、キャロル・キングのようにである。ちなみにユダヤ系ではないが、日本文学研究で知られ、最後は日本国籍を取得した故ドナルド・キーンも、この高校の卒業である。

さて、アメリカの大統領選挙は本書の刊行からまだ1年以上も先である。だが、すでに民主党の候補者指名を求めての討論会が始まっている。ちなみに共和党には現職のドナルド・トランプがいる。民主党の方は20名以上の候補者がいる。その候補者間のテレビ討論会が、何回も予定されている。その2回目が19年7月末に終わった。まだまだ誰が勝つのか見えない。ただ議論に関しては国民皆保険が勝利を収めた。つまり全国民に健康保険を何らかの形で提供すべきである、とのコンセンサスが民主党の政策となった。全ての有力候補者が、皆保険について言及したからだ。

実は、この健康保険は国民の権利であるというのは、２０１６年の前回の大統領選挙でのサンダースの議論であった。サンダースが候補者指名を受けられるかどうかは、まだ不明である。しかし、サンダースの議論は既に民主党を制した。このサンダース候補の選挙区を紹介したい。どのような地盤から、この人物は出てきているのだろうか。

サンダース上院議員の選挙区はカナダ国境に接するバーモント州である。なぜか日本では、バーモントはリンゴとハチミツの甘いカレーの本場にされてしまっている。カレーの産地となっていると知ったらバーモント州民もびっくりするだろう。この州の特産品として知られているのは、カレーではなくメープル・シロップである。その生産量はアメリカ最大という。二つ目に挙げられるのは「ベン&ジェリーズ」というブランドのアイスクリーム。そして三つ目が、バーニー・サンダースである。

この州の特徴は小ささである。まず面積が2万4923平方キロメートルである。これは45位である。アメリカには50州があるから、下から数えて6位である。日本で言えば秋田県と新潟県を合わせたくらいの広さである。

そして、もっとランクが下なのが人口。わずか63万人で、これは第49位である。バーモントが日本にあるとすると、人口が最下位の鳥取県の59万よりも多いが、その上の島根県の72万には及ばない計算になる。

実は、このバーモントの人口の少なさがサンダース議員の強みではないか。有権者の数が少なければ、ひとたび強い支持基盤を固めてしまえば、浮動票が少ないので議席を守りやすい。サンダース自身も「鉄壁の固定票」と呼ばれる堅い支持基盤に立脚している。「その気なら、永遠に議員に当選し続けられるだろう」というのが、この州の政治を長年取材してきたジャーナリストの言葉である。

日本でも総理大臣の選挙地盤は浮動票の多い大都市圏ではなく、比較的に人口の少ない地域なのを、この事実は想起させる。群馬県や山口県が総理大臣の「産地」として知られている。あまり選挙の心配をしなくて済めば、それだけ国政に集中できるからだろうか。

しかし現職を倒すのが難しい地域で、どうしてサンダースは最初に当選できたのだろうか。それは、1960年代の人口移動のおかげであった。この時期、この地域では「ヒッピーの侵入」と呼ばれる現象が起こった。自然に帰ろうという主張の人々が、ニューヨークなどの大都市から美しい自然のバーモントに流入した。サンダースはヒッピーではなかったのだが、この時期にバーモントに移り住んだ一人であった。

サンダースの政治的な最初の成功は、1980年の最大都市バーリントンでの市長への当選だった。最大都市といっても人口は4万人にも満たない。進歩的な考え方の流入人口の存在が、サンダースの政治的な浮上の背景であった。しかも、時も天も味方であった。というのは長年にわたって市長の地位にあった現職が、高齢であり活力を失っていた。さらに選挙は、大雪の年であった。貧しい人々の地区では市による雪かき作業が滞ったというので、不満が高まっていた。サンダースは、わずか10票差で現職を破った。政治家として最初の勝利だった。

バーリントン市長の実績を掲げて1990年に下院議員に当選、その後に上院に転じて現在に至っている。そして固い選挙基盤に支えられての今回の大統領選挙への立候補である。特産のシロップほどは、甘くない選挙となりそうだが。

あとがきに代えて――日本、イラン、アメリカ、中国

この日本に対する善意を意識しつつ2019年6月に日本はイランとアメリカの仲介外交に踏み出した。本書の冒頭で述べたように、安倍首相はイランを訪問しローハニ大統領とハメネイ最高指導者と会談した。テヘラン訪問の目的は日本とイランの外交関係樹立90周年を記念するためであるとして、テヘランとワシントンの間の仲介であるとの期待値を下げようと日本の外務省は試みた。しかしながら、アメリカとイランの間の緊張の高まっていた時期だったので、内外の期待が高まった。またトランプ大統領の日本訪問の直後であった。しかも安倍首相も夏の参院選挙を控えた時期であった。仲介外交の成功は、選挙への強い追い風となっただろう。

だが、公表された情報に依拠する限り、この訪問は仲介の役割を果たせなかった。ローハニ大統領とハメネイ師の言葉は、共にアメリカとの対話を示唆するものではなかっ

た。唯一の光は、そう遠くない時期のローハニ大統領との再会談を望む旨の安倍首相の発言であった。今後の展開が注目される。

さて対イラン外交は、日本の外交当局にとっては、そのアイデンティティーのような面がある。というのは、大半の地域への外交においては日本はアメリカと同様のスタンスを取っている。ところがイランに関しては、アメリカとは明確に別の道を歩んできた。それは前にも触れたように、アメリカがテヘランの大使館人質事件を機にイランと断交したままだからだ。

世界を見回しても、日本がイラン以外で、これほどアメリカと距離を置いた外交を展開している地域はない。そういう意味では、イランは日本外交のアイデンティティーとしての位置を占めている。

水面下でも日本外交は、アメリカとイランの対話を促進しようとしてきた。京都で国際会議を開催し、イランとアメリカの双方から研究者を招いて間接的な対話の雰囲気の醸成を進めたりした例もある。

しかし、日本はアメリカに対してもイランに対しても強い発言力を持っているわけではない。ある専門家が形容したように、直接的な外科手術ではなく、漢方薬のようにじっくりと効いてくるのを待つ。そうした外交である。

漢方薬といえば、その本場の中国の動向が気にかかる。中国は経済成長に支えられて、強大な軍事力を備え始めている。そして東シナ海では、日本が固有の領土と見なしている尖閣諸島への領有権の主張を強めている。また南シナ海ではサンゴ礁の周りを埋め立て人工の島とし、そこに軍事基地を建設している。

ここで筆者は、中国の台頭のもう一つの要因を指摘しておきたい。それはアメリカの対テロ戦争である。つまりアメリカが中東で国力を消耗してきたからである。2001年9月に同時多発テロに襲われた翌月に、アメリカはアフガニスタンでの戦争を開始した。そしてアメリカはアフガニスタンで未だに戦っている。イラクにも5千名を駐留させ、シリアにも特殊部隊を中心に2200名を派遣している。こうした一連の戦争にアメリカは天文学的な資金を使ってきた。そして7000名を超える兵力を失った。

アメリカが中東で忙しい間に中国は着々と軍事力を拡張してきた。そして南シナ海へと「進出」した。

どう見ても21世紀における日本とアメリカにとっての最大の課題は、台頭する中国である。トランプ政権のイラン叩きは、中国のお友達を増やす結果となっている。これが賢明な政策だろうか。

ある意味、不必要にイランを中国へと追いやっている。というのは、イラン人は決して中国が好きなわけではないからである。両者が同盟者となるのは、必然ではないからである。イランの民意は、中国との接近よりは、欧米や日本との関係強化にある。「アメリカに死を！」との表向きのスローガンとは裏腹に、イラン国民は、アメリカに強く惹き付けられている。そのエリート層の一部は、アメリカ留学や生活を経験している。また移民としてアメリカで生活しているイラン系の人々は１００万を超える。トランプがイランからの入国に規制を掛けるまでは、イランとアメリカの間には驚くほど頻繁な人の流れがあった。アメリカで生活するイラン系の人々が休暇をイランで過ごす例などもあった。しかも現在のイスラム体制のエリート層でさえ、その子息をアメリカに留学させる例は珍しくない。イラン人のアメリカ観には、愛憎が入り混じっている。複雑に錯綜し矛盾した感情に満ちている。少なくとも一部のエリート層とイラン国民の大半はアメリカとの関係改善を望んでいる。そうした微妙なニュアンスを代表しているのが、現在のローハニ大統領である。

残念ながら現在のアメリカの対イラン政策に微妙なニュアンスはない。頭ごなしのイラン叩きである。これではイラン国内の穏健派には居場所がなくなってしまう。現在のローハニ政権のようにである。

それでは、どのように中国は、このアメリカとイランの対立を見ていたのだろうか。恐らく中国は、テヘランとワシントンを天秤にかけていただろう。つまり、アメリカとの関係を維持するためにイランとの関係を切り捨てるという選択も考慮していたのではないだろうか。中国政府は基本的にはアメリカの核合意からの離脱を非難してきた。

しかし、イランと中国の貿易動向を見ていると、中国企業のイランからの原油の購入は大幅に縮小していた。これが、中国はイランではなくアメリカを選ぶのではないかとの憶測を呼んでいた。つまりイラン原油の輸入を停止してアメリカのご機嫌を取り、米中間の貿易問題でのワシントンの圧力を軽減させようとする可能性が語られていた。

ところが2019年5月中旬以降、イランからの原油の輸入を中国の政府系企業が再開したとの報道が流れ始めた。これは、ちょうど米中貿易摩擦の激化と並行して起こっている。

2019年5月は、中国では1919年の五四運動の百周年である。五四運動とは、ベルサイユ条約がドイツの中国での権益を返還するのではなく、日本に渡したのに抗議した運動である。中国の民族主義の高まりを象徴する事件である。その百周年の月の交渉でトランプ政権は、頭ごなしに関税などで中国を威圧しようとした。北京の指導者は、譲歩しにくい。アメリカとの関係悪化を受けて、中国はイランとの関係を守る決断を下したのだろうか。となると、トランプ政権は、イランを中国の方へ追いやったばかりか、同時に中国をイランの方へ押しやった。

アメリカは、古い歴史の二つの誇り高い民族を同時に侮辱して接近させている。トランプ外交の離れ業である。

アメリカが常に余力を残しておけば、東アジア有事の際の行動が可能になる。それが日本の安全保障に寄与する。こうした視点から考えると、アメリカとイランの戦争は、対中国という面からも日本の国益にはならない。

イラン・アメリカ関係というドラマは、中国の台頭という歴史的な舞台の上で演じられている。意識しておきたい。

イランVSトランプ

著者　高橋和夫

２０１９年９月25日　初版発行
２０２０年２月10日　２版発行

高橋和夫（たかはし　かずお）
国際政治学者。福岡県北九州市生まれ。大阪外国語大学ペルシア語科卒業。コロンビア大学国際関係論修士。クウェート大学客員研究員等を経て、現在、放送大学名誉教授。『中東から世界が崩れる』（ＮＨＫ出版新書）ほか著書多数。

発行者　横内正昭
編集人　内田克弥
発行所　株式会社ワニブックス
〒１５０－８４８２
東京都渋谷区恵比寿４－４－９えびす大黒ビル
電話　０３－５４４９－２７１１（代表）
　　　０３－５４４９－２７３４（編集部）

装丁　橘田浩志（アティック）／小口翔平＋三沢稜（tobufune）
編集協力　高橋真樹
校正　東京出版サービスセンター
編集　大井隆義（ワニブックス）

印刷所　凸版印刷株式会社
ＤＴＰ　株式会社 三協美術
製本所　ナショナル製本

ISBN 978-4-8470-6632-0
ワニブックスHP　http://www.wani.co.jp/
WANI BOOKOUT　http://www.wanibookout.com/